YULE

Los ocho Sabbats

YULE

Rituales, recetas y tradiciones del Solsticio de Invierno

Susan Pesznecker

Traducción de Miguel Trujillo Fernández

TRANSLATED FROM *Yule, Rituals, Recipes and Lore for the Winter Solstice*
© 2015, Susan Pesznecker
Published by Lewellyn Publications
Woodbury, MN, 55125, USA
www.lewellyn.com

© Susan Pesznecker, 2022
© TRADUCCIÓN: Miguel Trujillo Fernández
© EDITORIAL ALMUZARA, S. L., 2022

Primera edición: noviembre, 2022

EDITORIAL ARCOPRESS • COLECCIÓN LOS OCHO SABBATS
Edición: Pilar Pimentel
Corrección y maquetación: Helena Montané

www.arcopress.com
Síguenos en @ArcopressLibros

Editorial Almuzara
Parque Logístico de Córdoba. Ctra. Palma del Río, km 4
C/8, Nave L2, nº 3, 14005 - Córdoba

Imprime Gráficas La Paz
ISBN 978-84-11312-38-7
Depósito legal: CO-1791-2022
Hecho e impreso en España - *Made and printed in Spain*

Índice

...passion, wisdom, insight, search for meaning, sacrifice, eter...

...and looking inward, evaluation, reflection, meditation, hibern...

...nd scrying, study, journaling, tool crafting, feasting, commu...

...k, deep ritual, vigil personal retreat, Amaterasu, Baba ...

Bruno, Cailleach, Carlin, Carravogue, Ceres, Demeter, Dec...

...Koliada, Lachesis, Marzana, Rind Skadi, Snegure...

...ches, Hodhr, Lugh, Saturn, Dilis Varsvlavu, Cert, El...

...Knight, Green Man, Holly King, Karkantzaros, Knech...

...itzelfrau, Pelznichol, Perchta, Samichlaus, Stallo, Tant...

...Egregores, green: evergreen, abundance, life, new beginnings,

...lth, gifts, prosperity, solar energy, red: holly berries and p...

...fire, white: silence, calm peace, protecting, cardamom: doo...

...m, psychic powers, cinnamon: access to astral and spiritua...

...on strength, cloves: attraction, authority, healing power, pr...

...ntuition, renewal, transformation, vitality, mistletoe: peace,

...protection, nutmeg, alertness, awareness, inspiration, intellig...

...calm, divination, intuition, psychic powers, relaxation, rosema...

...thing, divination, healing, mental clarity, physical and ps...

...trength, sage: calm concentration, confidence, health and he...

LOS OCHO SABBATS

La colección *Los ocho sabbats* proporciona instrucciones e inspiración para honrar cada uno de los sabbats de la brujería moderna. Cada título de esta serie de ocho volúmenes está repleto de hechizos, rituales, meditaciones, historia, sabiduría popular, invocaciones, adivinaciones, recetas, artesanía y mucho más. Son libros que exploran tanto las tradiciones antiguas como las modernas, a la hora de celebrar los ritos estacionales, que son las verdaderas piedras angulares del año de la bruja.

Hoy en día, los wiccanos y muchos neopaganos (paganos modernos) celebran ocho sabbats, es decir, festividades; ocho días sagrados que juntos componen lo que se conoce como la Rueda del Año, o el ciclo de los sabbats. Cada uno de los cuales se corresponde con un punto de inflexión importante en el viaje anual de la naturaleza a través de las estaciones.

Dedicar nuestra atención a la Rueda del Año nos permite sintonizar mejor con los ciclos energéticos de la naturaleza y escuchar lo que esta nos está susurrando (¡o gritando!), en lugar de ir en contra de las mareas estacionales. ¿Qué mejor momento para el comienzo de nuevos proyectos que la primavera, cuando la tierra vuelve a despertar después de un largo invierno y, de pronto, todo comienza a florecer, a crecer y a brotar del suelo otra vez? Y, ¿acaso hay una mejor ocasión para meditar y planificar que durante el letargo introspectivo del invierno? Con la colección Los ocho sabbats aprenderás a centrarte en los aspectos espirituales de la Rueda del Año, a cómo transitar por ella en armonía, y celebrar tu propio crecimiento y tus logros. Tal vez, este sea tu primer libro sobre Wicca, brujería o paganismo, o la incorporación más reciente a una librería (digital o física) ya repleta de conocimiento mágico. En cualquier caso, esperamos que encuentres aquí algo de valor que puedas llevarte contigo en tu viaje.

Haz un viaje a través de la Rueda del Año

Cada uno de los ocho sabbats marca un punto importante de los ciclos anuales de la naturaleza. Se representan como ocho radios situados de forma equidistante en una rueda que representa el año completo; las fechas en las que caen también están situadas de forma casi equidistante en el calendario.

La Rueda está compuesta por dos grupos, cada uno de cuatro festividades. Hay cuatro festivales solares relacionados con la posición del sol en el cielo, que dividen el año en cuartos: el equinoccio de primavera, el solsticio de verano, el equinoccio de otoño y el solsticio de invierno. Todos ellos se fechan de forma astronómica y, por lo tanto, varían ligeramente de un año a otro.

12

N

Rueda del Año - hemisferio norte
(Todas las fechas de los solsticios y los equinoccios son aproxi-
madas, y habría que consultar un almanaque o un calenda-
rio para averiguar las fechas correctas de cada año)

N

Dic. 21–22

Feb. 1

Midsummer

Oct. 31–Nov. 1

Lughnasadh

Beltane

Mar. 20–21

Mabon

Ostara

Sept. 22–23

Samhain

Imbolc

Abr. 30–May 1

Yule

Ago. 1

Jun 20–21

Rueda del Año - hemisferio sur

Entre estas festividades se encuentran las festividades de mitad del cuarto, o festivales del fuego: Imbolc, Beltane, Lughnasadh y Samhain. Las festividades estacionales a veces se conocen como Sabbats menores, y las de mitad de estación como Sabbats mayores, aunque ningún ciclo es «superior» a otro. En el hemisferio sur, las estaciones son opuestas a las del hemisferio norte y, por lo tanto, los sabbats se celebran en fechas diferentes.

Aunque el libro que estás leyendo se centra solo en el Yule, puede resultar útil saber cómo encaja dentro del ciclo en su totalidad.

El solsticio de invierno, también conocido como Yule o festividad de mitad del invierno, tiene lugar cuando la noche ha alcanzado su duración máxima; después de este, la duración de los días comenzará a incrementarse. Aunque la fría oscuridad está sobre nosotros, ya se aviva la esperanza de los días más luminosos que están por llegar. En la tradición wiccana, este es el momento en el que nace el joven dios solar. En algunas tradiciones neopaganas, este es el momento en el que el Rey del Acebo está destinado a perder la batalla contra su hermano más luminoso, el Rey del Roble. Se encienden velas, se degustan manjares, y se traen a la casa plantas perennes como recordatorio de que, a pesar de la crudeza del invierno, la luz y la vida siempre prevalecen.

Durante el Imbolc (que también se puede escribir «Imbolg»), el suelo empieza a descongelarse, lo que indica que ya es el momento de comenzar a preparar los campos para la temporada de sembrado que se aproxima. Comenzamos a despertar de nuestros meses de introspección y empezamos a organizar lo que hemos aprendido durante ese tiempo, además de dar los primeros pasos para hacer planes de cara al futuro. Algunos wiccanos también bendicen velas durante el Imbolc, otra forma simbólica de invocar a la luz, que ahora es ya perceptiblemente más fuerte.

En el equinoccio de primavera, también conocido como Ostara, la noche y el día vuelven a tener la misma duración y, a partir de entonces, los días comenzarán a ser más largos que las noches. El equinoccio de primavera es un momento de renovación, de plantar semillas ahora que la tierra ha vuelto a la vida una vez más. Decoramos huevos como símbolo de esperanza, vida y fertilidad, y realizamos rituales para cargarnos de energía con la que poder encontrar el poder y la pasión para vivir y crecer.

En las sociedades agrícolas, el Beltane señalaba el comienzo del verano. Se sacaba al ganado a pastar en abundantes prados, y los árboles se llenaban de flores hermosas y fragantes. Se realizaban rituales para proteger las cosechas, el ganado y la gente. Se encendían fuegos y se hacían ofrendas con la esperanza de conseguir la protección divina. En la mitología wiccana, el dios joven fecundaba a la diosa joven. Todos tenemos algo que queremos cosechar para cuando acabe el año, planes que estamos decididos a cumplir, y el Beltane es un momento estupendo para poner en marcha ese proceso de forma entusiasta.

El solsticio de verano es el día más largo del año. También se llama Litha, la festividad de mitad del verano. Las energías del sol están en su cúspide, y el poder de la naturaleza se encuentra en su punto más álgido. En la tradición wiccana, este es el momento en el que el dios solar es más fuerte que nunca (de modo que, de forma paradójica, su poder ya solo puede comenzar a disminuir) tras haber fecundado a la diosa doncella, que se transforma entonces en la madre tierra. En algunas tradiciones neopaganas es aquí cuando el Rey del Acebo vuelve a enfrentarse a su aspecto más luminoso, y, en esta ocasión, vence al Rey del Roble. Por lo general, se trata de un momento de grandes alegrías y celebraciones.

En el Lughnasadh, la cosecha principal del verano ya ha madurado. Realizamos celebraciones, participamos en juegos, expresamos la gratitud que sentimos y disfrutamos de los festines que preparamos. También se conoce como Lammas, y es el momento en el que celebramos la primera cosecha; ya sea relativa a los cultivos que hemos plantado o los frutos que han dado nuestros primeros proyectos. Para celebrar la cosecha de grano, a menudo se hornea pan durante este día.

El equinoccio de otoño, también conocido como Mabon, señala otro importante cambio estacional y una segunda cosecha. El sol brilla por igual en ambos hemisferios, y la duración de la noche y del día es la misma. Después de este momento, las noches comenzarán a ganar terreno a los días. En conexión con la cosecha, este día se celebra un festival de sacrificio al dios moribundo, y se paga un tributo al sol y a la tierra fértil.

Para el pueblo celta, el Samhain señalaba el comienzo de la estación del invierno. Este era el momento en el que se sacrificaba al ganado y se recogía la cosecha final antes de la inevitable caída a las profundidades de la oscuridad del invierno. Se encendían fuegos para guiar en su camino a los espíritus errantes, y se hacían ofrendas en nombre de los dioses y de los antepasados. El Samhain se veía como un comienzo, y hoy en día se suele considerar el Año Nuevo de las brujas. Honramos a nuestros antepasados, reducimos nuestras actividades, y nos preparamos para los meses de introspección que están por delante... y el ciclo continúa.

La relación del pagano moderno con la Rueda

El paganismo moderno se inspira en muchas tradiciones espirituales precristianas, lo cual queda ejemplificado en la Rueda del Año. El ciclo de los ocho festivales que reconocemos a través del paganismo moderno nunca se celebró por completo en ninguna cultura precristiana en particular. En los años cuarenta y cincuenta, un hombre británico, llamado Gerald Gardner, creó la nueva religión de la Wicca mezclando elementos de una variedad de culturas y tradiciones, a través de la adaptación de prácticas de religiones precristianas, creencias animistas, magia popular y distintas disciplinas chamánicas y órdenes esotéricas. Combinó las tradiciones multiculturales de los equinoccios y los solsticios con los días festivos celtas y las primeras celebraciones agrícolas y pastorales de Europa para crear un modelo único que se convirtió en el marco del año ritual de la Wicca.

Los wiccanos y las brujas, así como muchos paganos eclécticos de diversa índole, siguen de forma popular el año ritual wiccano. Algunos paganos tan solo celebran la mitad de los sabbats, ya sean los de los cuartos o los que se sitúan en mitad del cuarto. Otros paganos rechazan la Rueda del Año en su totalidad y siguen un calendario de festivales basado en la cultura del camino específico que sigan, en lugar de un ciclo agrario basado en la naturaleza. Todos tenemos unos caminos tan singulares en el paganismo que es importante no dar por hecho que el camino de los demás será el mismo que el nuestro; mantener una actitud abierta y positiva es lo que hace prosperar a la comunidad pagana.

Muchos paganos adaptan la Rueda del Año a su propio entorno. La Wicca ha crecido hasta convertirse en una auténtica religión global, pero pocos de nosotros vivimos en un clima que refleje los orígenes de la Wicca en las islas británicas. Aunque tradicionalmente el Imbolc es el comienzo del deshielo y el despertar de la tierra, puede ser el punto más álgido del invierno en muchos climas del norte. Y, aunque el Lammas pueda ser una celebración de agradecimiento por la cosecha para algunos, en áreas propensas a las sequías y a los fuegos forestales puede ser una época del año peligrosa e incierta.

También hay que tener en cuenta los dos hemisferios. Cuando es invierno en el hemisferio norte, es verano en el hemisferio sur. Mientras los paganos de América del Norte están celebrando el Yule y el Solsticio de Invierno, los paganos de Australia celebran el festival de mitad del verano. Las propias experiencias vitales del practicante son más importantes que cualquier dogma escrito en un libro cuando se trata de celebrar los sabbats.

En línea con ese espíritu, tal vez desees retrasar o adelantar las celebraciones, de modo que sus correspondencias estaciona les encajen mejor con tu propio entorno, o puede que quieras enfatizar distintos temas para cada sabbat según tus propias experiencias. Esta serie de libros debería ayudarte a que dichas opciones te resulten fáciles y accesibles.

Sin importar el lugar del globo en el que vivas, ya sea en un entorno urbano, rural o suburbano, puedes adaptar las tradiciones y las prácticas de los sabbats de modo que encajen con tu propia vida y con tu entorno. La naturaleza nos rodea por todas partes; por mucho que los seres humanos intentáramos aislarnos de los ciclos de la naturaleza, estos cambios estacionales recurrentes son ineludibles. En lugar de nadar contracorriente, muchos paganos modernos abrazamos las energías únicas que hay en cada estación, ya sean oscuras, luminosas o algo intermedio, e integramos esas energías en los aspectos de nuestra propia vida diaria.

La serie de Los ocho sabbats te ofrece toda la información que necesitas para hacer precisamente eso. Cada libro será parecido al que tienes ahora entre las manos. El primer capítulo, Las tradiciones antiguas, comparte la historia y la sabiduría que se han ido transmitiendo desde la mitología y las tradiciones precristianas, hasta cualquier vestigio que todavía quede patente en la vida moderna. Las tradiciones modernas abordan esos temas y elementos y los traducen a las formas bajo las que muchos paganos modernos festejan y celebran cada sabbat. El siguiente capítulo se centra en Hechizos y adivinación; se trata de fórmulas apropiadas para la estación y basadas en la tradición popular, mientras que el siguiente, Recetas y artesanía, te ofrece ideas para decorar tu hogar y hacer artesanía y recetas que aprovechen las ofrendas estacionales. El capítulo Oraciones e invocaciones te proporciona llamamientos y oraciones, ya preparados, que puedes emplear en rituales, meditaciones o en tu propia introspección. El capítulo de los Rituales de celebración te proporciona tres rituales completos: uno para realizar en solitario, otro para dos personas, y otro para un grupo completo, como un aquelarre, círculo o agrupación. Siéntete libre de adaptar todos los rituales o alguno de ellos a tus propias necesidades, sustituyendo tus propias ofrendas, llamamientos, invocaciones, hechizos mágicos y demás. Cuando planees un ritual en grupo, trata de prestar atención a cualquier necesidad especial que puedan tener los participantes. Hay muchos libros maravillosos disponibles que se adentran en los detalles específicos de hacer los rituales más accesibles si no tienes experiencia en este ámbito. Por último, en la parte final de cada título encontrarás una lista completa de correspondencias para la festividad, desde los temas mágicos y las deidades hasta comidas, colores, símbolos y más.

Para cuando termines este libro, tendrás la inspiración y los conocimientos necesarios para celebrar el sabbat con entusiasmo. Honrando la Rueda del Año reafirmamos nuestra conexión con la naturaleza de modo que, mientras continúa con sus ciclos infinitos, seamos capaces de dejarnos llevar por la corriente y disfrutar del trayecto.

LAS TRADICIONES ANTIGUAS

npassion, wisdom, insight, search for meaning, sacrifice, eter
and looking inward, evaluation, reflection, meditation, hiber
nd scrying, study, journaling, tool crafting, feasting, commu
k, deep ritual, vigil personal retreat, Amaterasu, Baba
Bruno, Cailleach, Carlin, Carravogue, Ceres, Demeter, De
Koliada, Lachesis, Marzana, Rind Skadi, Snegur
ches, Hodhr, Lugh, Saturn, Dilis Varsslavu, Cert, E
Knight, Green Man, Holly King, Karkantzaros, Knee
tzelfrau, Pelznichol, Perchta, Samichlaus, Stallo, Tome
Egregores, green: evergreen, abundance, life, new beginnings,
lth, gifts, prosperity, solar energy, red: holly berries and p
fire, white: silence, calm peace, protecting, cardamom: di
m, psychic powers, cinnamon: access to astral and spiritua
on strength, cloves: attraction, authority, healing power, pr
ntuition, renewal, transformation, vitality, mistletoe: peace,
protection, nutmeg, alertness, awareness, inspiration, intellig
alm, divination, intuition, psychic powers, relaxation, rosema
thing, divination, healing, mental clarity, physical and psy
rength, sage: calm concentration, confidence, health and he

Esta época del año tiene algo de especial; hay un no sé qué en el invierno y en Yule que me afecta en lo más profundo, haciendo que tan pronto quiera celebrar algo a voz en grito, como retirarme a un rincón silencioso al poco. Para mí, este es el tiempo más mágico del año; se trata del momento en el que la Madre Tierra se queda en silencio, pero, si escuchamos con mucha atención, podemos todavía oír el latido de su corazón. Es una época profunda e idónea para aovillarnos y sumirnos en el acto solitario de la contemplación mientras abrazamos lo que debería ser la temporada natural del sueño, el periodo de hibernación. También es una época para honrar la «oscuridad» real y espiritual, y para regocijarnos por el regreso de la luz a través de la celebración de las tradiciones con nuestros amigos y familiares.

Estos sentimientos se remontan hasta nuestros ancestros, esos antepasados que vivían sus vidas en sintonía con los ritmos de la naturaleza y según los cambios que se suceden periódicamente en la gran rueda estacional. En primavera plantaban sus cultivos y después los cosechaban durante el verano y el otoño. Según avanzaba el otoño, se preparaban para el invierno: almacenaban comida, reunían combustible para los fuegos del invierno y dejaban descansar los campos. Cuando llegaba el invierno, la gente se quedaba en sus moradas y pasaba esos meses fríos y oscuros viviendo de sus bienes almacenados, contando historias alrededor del fuego, haciendo arriesgadas expediciones de caza para obtener la escasa carne invernal que pudieran conseguir, y confiando en sus reservas de comida y leña, que les permitirían aguantar hasta la primavera. Irse a la cama temprano les ayudaba a ahorrar velas, aceite y otras fuentes de luz, mientras que levantarse tarde y quedarse calentitos en la cama les ayudaba a ahorrar en combustible para combatir el frío. Su alimentación también cambiaba durante la temporada de invierno, basándose en calabazas y otras verduras, así como grano y las carnes que podían conservar o almacenar. Podríamos decir que hibernaban de una forma muy real: sus ritmos cotidianos disminuían y se sincronizaban con el mundo que dormía alrededor de ellos.

Hoy en día, muchos hemos olvidado ya cómo «hibernar» de forma exitosa. Mantenemos las mismas rutinas a lo largo de todo el año, y la gente suele quejarse de los meses de invierno en lugar de acoger este momento tan hermoso de la gran rueda estacional. En nuestro mundo moderno podemos mantener una temperatura constante en nuestros hogares a lo largo de todo el año, y solo hace falta pulsar un interruptor para disfrutar de una luz brillante como la del verano en una noche oscura de invierno. Nuestra dieta tampoco tiene por qué cambiar. Podemos comer frambuesas y otras frutas y verduras primaverales a lo largo de todo el año, si estamos dispuestos a pagar su precio. Estas acciones amenazan con arrancarnos desesperadamente de la sincronía con los ritmos del invierno, y esto podría originar problemas. De hecho, una de las teorías más recientes sobre los trastornos afectivos estacionales es que están relacionados con el hecho de luchar contra los ritmos del invierno en lugar de abrazarlos. Como paganos modernos, puede resultarnos difícil conectarnos con el festival de mitad del invierno cuando estamos tan desconectados de los antiguos ciclos agrícolas, aunque ya exploraremos esto con mayor profundidad en el próximo capítulo.

Pero no nos preocupemos, porque las celebraciones del invierno persisten y tienen una importante función a la hora de recordarnos a todos que la Rueda continúa girando. Nos conectan con el «sentimiento» esencial del tiempo del frío y, particularmente durante el mes de diciembre (la época del Solsticio de Invierno, conocido a menudo como Yule), la gente está más predispuesta a reunirse con sus familiares y sus amigos para comer y celebrar, y entrar así en armonía con el verdadero espíritu de la estación. En este libro exploraremos esas motivaciones, así como un arsenal de ideas maravillosas para celebrar el Solsticio de Invierno en condiciones. Y es que el festival de mitad del invierno se merece todo nuestro entusiasmo, pues se trata de una época del año verdaderamente maravillosa y que tiene, además, una importancia mágica asombrosa.

Solsticio de Invierno, festival de mitad del invierno y Yule: conceptos

«Solsticio de Invierno» es un término que describe un momento astronómico específico, del que hablaremos con más detalle enseguida. «Solsticio» significa «el sol está inmóvil» y se refiere al movimiento bajo, lento y casi imperceptible del sol durante el solsticio. La expresión «festival de mitad del invierno» se suele utilizar como sinónimo del Solsticio de Invierno. La palabra «Yule», por otro lado, se relaciona normalmente con una serie de celebraciones religiosas y tradiciones espirituales.

Según el *Oxford English Dictionary* (OED), el diccionario definitivo del inglés moderno, la palabra «Yule» desciende del inglés antiguo *geól*, y puede referirse a (1) el día de Navidad o la época navideña; (2) la palabra en nórdico antiguo *jól*, que se refiere a un festín pagano que duraba doce días (con posibles conexiones con Odín y la Cacería Salvaje); (3) la palabra en anglo antiguo *giuli*, registrada por el monje Beda en el año 726 de la Era Común y que se refería al nombre de diciembre y enero; (5) la palabra en nórdico antiguo *ýlir*, el mes que comenzaba el segundo día de la semana que caía entre el 10 y el 17 de noviembre; y (5) la palabra gótica *jiuleis* de la expresión *fruma jiuleis*, que significaba «noviembre». También podría haber una variación germánica de «Yule» (*jeul-*, *jegul-* y **je ul*), pero esto todavía no se sabe con claridad. Además, hay sugerencias de que se ha empleado la palabra en la poesía nórdica como sinónimo de «festín».

El OED también nos dice que la palabra «Yule» se ha utilizado ampliamente desde mitad del siglo XIX como término informal para la Navidad y las festividades relacionadas, mientras que «Good Yule» (buen Yule) se ha convertido en una expresión de alegría o emoción en cuanto a las celebraciones del festival de mitad del invierno. El OED sugiere que la palabra *Yule* podría ser una variación sonora de la palabra *wheel* («rueda» en inglés), ya sea referida al giro de las estaciones, el movimiento circular del sol o las ruedas del carruaje de Odín. En el uso informal, hay quien cree que la palabra podría estar relacionada con *joy* o *jolly* («alegría» y «alegre» en inglés).

Los antiguos romanos también tenían sus propias palabras para referirse al Yule: *Dies Natalis Solis Invicti:* «día del nacimiento del sol inconquistable». Hubo una época en la que los romanos celebraban este momento del año como el nacimiento de su amado Mithras, un dios del sol, lo cual conectaba íntimamente este evento con el solsticio y el regreso de la luz. Más o menos alrededor del siglo IV, la Iglesia católica comenzó a sustituir el «nacimiento del sol» por el «nacimiento del Hijo» (en inglés, «sol» se dice *sun*, mientras que «hijo» se dice *son*). Eso daba a entender que el Jesús cristiano era quien traería la luz y la vida al mundo. Hay que tener en cuenta que los teólogos modernos están de acuerdo en que, con independencia de los detalles sobre su vida, Jesús probablemente nació durante la primavera. Sin embargo, se optó por utilizar el invierno como época para honrar su nacimiento, puesto que los paganos ya estaban acostumbrados a celebrar el regreso de la luz al mundo, y sus vidas renacían de forma metafórica con cada Solsticio de Invierno.

¿Saber todo esto nos ayuda a entender lo que significa el Yule? Sí y no. Aunque el significado del término tal vez no esté completamente claro, parece evidente que esta palabra se ha utilizado a lo largo de muchos siglos y en una amplia variedad de civilizaciones y tradiciones; está llena de historia.

¿Qué pasa con diciembre?

La palabra «diciembre» en realidad viene de la palabra «diez» o «décimo». Como si la fuente de inspiración se hubiera agotado después de los nombres creativos y a menudo inspirados por deidades de los meses entre enero y agosto, a los meses restantes simplemente se les asignaron números. La palabra «septiembre» viene del número siete. Podría parecer que tuviera que venir del nueve, ya que el calendario moderno lo clasifica como el noveno mes, pero el calendario original tenía dos meses menos que la versión romana actual. Por lo tanto, «septiembre» viene del siete, «octubre» viene del ocho, «noviembre» viene del nueve y «diciembre» tiene ese nombre por ser el décimo mes del calendario romano original. Con el tiempo, los romanos añadieron enero y febrero al calendario, convirtiendo así a diciembre en el duodécimo mes, pero lo dejaron con su nombre original para evitar confusiones.

Algunas fuentes creen que diciembre también podría ser una referencia a la Parca romana Décima, considerada por muchos como la equivalente romana a la Moira griega Láquesis. Se creía que ambas deidades tenían el trabajo de medir el hilo de la vida de los mortales, y poseían la habilidad de decidir el destino y el tiempo de la vida de un mortal. Como segunda de las Parcas, las tejedoras del destino, se suele pensar que Décima es la personificación del presente, tal vez como referencia a la naturaleza de muerte y renacimiento en tiempo real del Solsticio de Invierno (Armour). Su habilidad para «tejer la muerte» también podría ser una alusión al silencio metafórico y la muerte simbólica que ocurre en mitad del invierno, la tranquilidad que ha de preceder a la renovación.

Diciembre recibía también el nombre de *heilagmanoth* («Mes Santo») para los francos, *Aerra Geola* («Mes antes del Yule») para los anglosajones, y *Mi na Nollag* («Mes de Navidad») para los irlandeses. Cada uno de esos nombres es una muestra clara de la variedad y cantidad de tradiciones que existen en torno al festival del invierno.

El ciclo astronómico del Yule

El festival de mitad del invierno también está claramente relacionado con la astronomía y los movimientos en los cielos. Durante el Solsticio de Invierno, la gran rueda estacional llega a un punto de inflexión y comienza a rotar de vuelta hacia la luz. Después del Solsticio de Invierno, los días se alargan y la temperatura comienza a aumentar poco a poco. No es sorprendente que los pueblos antiguos se regocijaran con el Yule, pues con la llegada del solsticio sabían que los desafíos que presentaba el invierno pronto se desvanecerían y que regresarían la calidez, la luz y la abundancia de comida.

El solsticio de invierno astronómico (la noche más larga del año) normalmente corresponde a los días 21 o 22 de diciembre. El Solsticio de Invierno es parte de un ciclo astronómico que se repite cada año, con solo ligeras variaciones. Para los que se encuentran en el hemisferio norte, el solsticio de invierno señala el comienzo de dicha estación: el día más corto y la noche más larga del año. Y, cuanto más se mueva uno hacia el norte, más profundos son sus efectos. Los que viven en el paralelo 45 norte, a medio camino entre el ecuador y el polo norte, experimentarán unas ocho horas y media de luz y quince horas y media de oscuridad en el solsticio. Si vas más hacia el norte, en Anchorage (Alaska), el sol del solsticio de invierno sale sobre las diez de la mañana y se pone sobre las tres de la tarde, tras elevarse a solo unos pocos grados por encima del horizonte. Para la gente dentro del Círculo Polar Ártico, el solsticio de invierno significa una oscuridad casi absoluta, mientras que en el polo norte el sol ni siquiera sale.

¿Qué es lo que provoca la noche más larga durante el solsticio? Todo el mundo sabe que la Tierra gira alrededor del sol, pero el planeta no está perfectamente equilibrado en su rotación: en realidad, está inclinado a 23,5 grados de su eje. Como la Tierra está inclinada, hay distintas partes del globo que están más cerca o más lejos del sol en momentos diferentes del año. Esto es lo que crea las cuatro estaciones del año: primavera, verano, otoño e invierno. Cuando la parte de la Tierra en la que reside una persona se encuentra más inclinada hacia el sol, ese hemisferio experimenta una estación más cálida (primavera o verano), mientras que el hemisferio del otro lado está más lejos del sol y experimenta la estación contraria (otoño o invierno). Cuanto más cerca vive alguien del ecuador, se da una menor inclinación del eje, y por tanto hay una menor variación entre el verano y el invierno; por otro lado, cuanto más cerca viva alguien al polo norte o al polo sur, más extrema será la variación estacional.

Otro aspecto clave del solsticio de invierno es que el sol no parece elevarse mucho en el cielo, y normalmente llega a un punto de solo veinte grados (o incluso menos) por encima del horizonte. Es una altura mucho menor a la del solsticio de verano, en la que parece encontrarse casi encima de nuestras cabezas. Debido a su arco bajo, el sol del solsticio de invierno parece moverse con lentitud, e incluso da la impresión de detenerse y de volverse inmóvil en su punto más alto. Y, de hecho, la palabra «solsticio» viene de dos palabras del latín: *sol*, que ha mantenido su significado, y *sistere*, que significa «inmovilizar algo» (es decir, «el sol está inmóvil»). Como los rayos del sol invernal golpean la Tierra en un ángulo superficial, generan poca calidez, lo que provoca las temperaturas más frías que la mayoría asociamos con el invierno. Dicho esto, el solsticio de invierno hace su transición en el signo astrológico de Capricornio, que es un signo de tierra y supone una conexión excelente entre la temporada invernal y la tierra que duerme, pero pronto despertará.

Para identificar el momento preciso del Yule en términos astronómicos, puedes consultar un almanaque o buscarlo en internet: uno de los aspectos más maravillosos de la red es que nos permite responder a esta clase de preguntas en un instante, sin importar la ubicación o la zona horaria en la que vivamos.

Los ciclos mitológicos del Yule

Todas las tradiciones antiguas de los paganos asocian el Yule con un ciclo mitológico específico, ya sea relacionado con figuras de deidades (dioses, diosas o niños sagrados), con la peligrosa ferocidad del invierno, o con el regreso y la renovación de la luz y de la vida. En términos folclóricos, un «mito» es una historia que una cultura considera sagrada en cuanto a sus orígenes, por lo que goza de una gran relevancia en la sociedad y se va transmitiendo de generación en generación. Los mitos y las historias relacionados con el invierno aparecen a través de las tradiciones culturales y religiosas del mundo, y están entrelazados con el folclore y la leyenda. Vamos a examinar varios de estos.

Las diosas, reinas, madres y heroínas

El invierno es, sin duda, una época centrada en las madres, pues son las mujeres las que alimentan la chispa de la vida dentro de sus cuerpos y dan a luz a esas nuevas existencias. Además de las historias de nacimientos, muchas mujeres de leyenda tienen la tarea de medir la vida de las personas, o incluso de llevarla a su fin. En las culturas pasadas y presentes del mundo abundan los mitos y leyendas relacionados con el invierno que narran historias reverentes de estas poderosas figuras femeninas.

En la tradición noruega, Frigg (o Frigga) se considera la diosa de la estación fría, y está fuertemente asociada con el Solsticio de

Invierno (Lindow). En el norte de Europa se conoce al Solsticio como «la Noche de las Madres», pues es en esta noche cuando Frigg dio a luz al sol. Incluso hoy en día, muchas mujeres nórdicas invocan el nombre de Frigg para tener un embarazo saludable.

Holda (también conocida como Frau Holle o Hulda, «la amable») es la diosa germánica de la Navidad, y la portadora tanto de la prosperidad como de la fertilidad: ambos aspectos estaban muy relacionados entre sí en las culturas del pasado, pues una familia grande ayudaba a garantizar una vida exitosa. Otra tradición germánica asegura que la diosa del bosque cambia de forma para convertirse en una cierva blanca y se esconde en una cueva sagrada para poder dar a luz al sol del Nuevo Año. Esto ocurre durante la «Noche de las Madres».

Los sajones utilizaban el término *Modranicht* (también escrito *Mōdraniht*), «Noche de las Madres» o «Noche de la Madre» para describir las noches oscuras de esta época del año. Según las traducciones del monje Beda, la Noche de la Madre era originalmente una celebración pagana de la época fría, pero los sajones trasladaron después la celebración al día de Nochebuena, e incluyeron el sacrificio de un animal para apaciguar a los dioses furiosos del invierno (Wallis). Este evento también podría estar relacionado con el culto germánico *Matron*, un festival de sacrificios que se realizaba en la *Mōdraniht* para las *Matres* y *Matrons*, deidades femeninas germánicas. Al menos una fuente sugiere que la *Modranicht* podría haber tenido lugar originalmente durante el Samhain como un festival de los muertos y que más tarde se movió al Yule (Textos Sagrados).

Las deidades femeninas del invierno también estaban conectadas a menudo con la ferocidad de la estación. En la teología celta, la Madre es «la vieja», también conocida como Cailleach, la anciana-arpía divina que gobierna la mitad invernal del año entre el Samhain (31 de octubre) y el Bealltainne (1 de mayo) y trae al mundo la muerte fría como el hielo y la oscuridad del invierno y su salvajismo (McNeill, 119). Skadi (también conocida como Skathi o Skadl) es la diosa escandinava del invierno. Capaz de controlar el tiempo atmosférico, se dice que reside en las alturas de las montañas nevadas y que le gusta esquiar por sus dominios, esparciendo tormentas de nieve tras ella.

La diosa griega Alcíone, toma la forma de un martín pescador y se marcha a su nido cada invierno durante dos semanas, y se dice que durante ese tiempo los mares están en calma (Smith, 108). En una variación de esta leyenda griega, una esposa de luto llamada Alcíone se lanza al mar después de descubrir el cuerpo ahogado de su amado marido, Ceix. Los dioses se apiadan de la pareja, y los transforman en martines pescadores con el poder de calmar los mares tormentosos durante los catorce días alrededor del Solsticio de Invierno (siete días antes y siete días después), mientras construyen su nido y eclosionan sus crías. Los llamados Días Alciónicos pasaron a representar así una época de paz tranquila, felicidad y buen tiempo alrededor de la época del Solsticio de Invierno.

Otras formas de diosas relacionadas a menudo con esta celebración son Bona Dea (una diosa de la abundancia y profecía para las mujeres romanas, que estaba asociada con un festival del invierno en el que se hacía una limpieza energética y simbólica de la casa y un ritual femenino para conseguir abundancia y fertilidad), Santa Lucía (una mujer grecorromana que se convirtió en mártir cristiana por razones desconocidas; su onomástica se celebra el 13 de diciembre y, en relación con el Solsticio de Invierno, su festival se considera una celebración de la luz), y Befana (una bruja-arpía italiana que trae regalos a los niños el 5 de enero; podría estar relacionada con la diosa romana del Año Nuevo Strenua o con la leyenda rusa de la Babushka).

Los Dioses, Reyes, Padres y Héroes

Aunque a menudo se atribuye a las mujeres del invierno las dificultades relacionadas con el nacimiento y la muerte, las figuras masculinas se representan de forma invariable como héroes que luchan contra las adversidades o para conseguir el punto de apoyo necesario a fin de asegurarse que la vida continúe tal y como debería. Las tradiciones de un «rey del invierno» en la época que rodea al solsticio de dicha estación se remontan a las antiguas celebraciones del renacimiento del sol. Las deidades del invierno en forma de figuras masculinas frecuentemente simbolizan o representan al sol, los ideales de la fertilidad generativa masculina y el regreso de la luz y el vigor al mundo.

Los primeros etruscos y romanos veían al sol como una deidad masculina, y celebraban el «Nacimiento del Sol Inconquistable» alrededor de la época del solsticio. En el año 10 antes de la Era Común, el emperador romano Augusto erigió a Apolo como la «versión» reinante del dios solar, y se instauró la tradición de celebrar juegos y festines en su honor. Lugh, una deidad/figura mitológica que se representaba a menudo con imágenes solares y estaba relacionada con las celebraciones del sol, ha sido comparado por muchos con el dios griego Apolo, cuyo carruaje dorado transportaba al sol a través del cielo. Sin embargo, el ciclo mitológico asociado con Lugh no muestra ninguna conexión explícita entre él y el Solsticio de Invierno.

La importancia popular de Apolo acabó siendo superada por la deidad persa Mitra y el posterior culto romano del mitraísmo. Algo interesante es que la historia de Mitra no está correctamente registrada en fuentes antiguas; la información que tenemos sobre él es sobre todo gracias a leyendas secundarias y a representaciones en monumentos. Aparece en registros de entre los años 1 y 4 de la era común como una figura que nació de una roca. Sus seguidores eran todos hombres, y sus templos siempre se construían bajo tierra. En esos templos se le representaba matando a un toro, hazaña que finalizaba con un saludo al sol, quien le respondía con una reverencia. Debido a esas representaciones, se le ha considerado durante mucho tiempo una deidad romana del sol, y se le ha descrito como *sol invictus* (sol inconquistable) en algunas inscripciones.

Como mencionábamos antes, el nacimiento de Mitra el 25 de diciembre ha llevado a muchos a imaginar una supuesta conexión entre su nacimiento y el de Jesús, y esta creencia ha persistido, a pesar de que no hay ninguna conexión real. De hecho, no hay ninguna evidencia auténtica de que Mitra naciera el 25 de diciembre, y los académicos están de acuerdo en que no hay ninguna relación real entre el cristianismo y el culto del mitraísmo.

Otra conexión con las figuras sagradas del invierno es el festival romano de la Saturnalia, que se hacía en honor a Saturno, el dios de la agricultura, y se celebraba entre el 17 y el 23 de diciembre (Matthews, 23). La antigua Saturnalia era una época de festines y felicidad al final de las temporadas de cosecha y de elaboración de vinos. Se intercambiaban regalos, se ofrecían sacrificios, y los amos cambiaban de papel y servían a sus esclavos, todo en nombre de Saturno: una celebración de la fuerza generativa masculina.

El antiguo festival tenía lugar en el templo romano de Saturno; los paganos modernos de hoy en día mantienen el festival vivo en casas, salones públicos y campos. A finales del siglo IV, la Saturnalia se movió al Año Nuevo, y más o menos se combinó con las calendas de enero, una celebración romana de mitad del invierno. Varios festivales que festejaban este mismo evento estacional surgieron en diferentes lugares del mundo, incluidas las *Calends* de Provenza, en Francia; la *Kolenda* de Polonia; la *Koleda* de la República Checa, la *Kolada* de Rusia, las *Koledos* de Lituania y, en Gales y Escocia, la *Calenig* y la *Calluin* (Matthews, 24).

Las tradiciones de un rey del invierno perduraron hasta la Edad Media con historias del «Rey Verde del Invierno», cuya misión simbólica era ganar la mano de la Doncella de la Primavera. La imagen del Rey Verde resurge una y otra vez en los mitos del rey Arturo, Gawain, «Robin el Verde» y el arquetipo del Hombre Verde; tropos que se reflejan hoy en día en poesías, villancicos, *mumming* (una especie de teatro tradicional), e incluso en las leyendas del Papá Noel moderno y el Padre Tiempo del Año Nuevo.

En *The Winter Solstice*, John Matthews explora un enfoque interesante sobre el dios del sol, y escribe sobre el «Invitado

Verde». Matthews describe al Caballero Verde como una figura prototípica de la Materia de Bretaña que llegó a los salones del rey Arturo en mitad de los preparativos de las festividades navideñas, proponiendo un juego extraño: que alguien le golpeara con su gran hacha, sabiendo que le devolvería el golpe un año más tarde.

Solo Gawain fue lo bastante valiente como para aceptar el desafío, y pasó por muchas pruebas antes de que terminara la historia. Y es que, cuando le cortaron la cabeza, el Caballero Verde pudo tomarla entre sus manos y esperar la llegada del que le había desafiado, un truco que Gawain no era capaz de hacer. Esta historia es maravillosa y antigua. El Caballero Verde es el espíritu encarnado del invierno, capaz de presentar su terrorífico desafío como el preludio de una batalla por la mano de la Doncella de la Primavera (Matthews, 8).

Matthews considera esta historia como algo emblemático de la época de mitad del invierno, la cual insinúa la oscura ferocidad y la naturaleza esencial de este momento del año, así como la idea de la lucha contra la salvaje oscuridad para dar paso al renacimiento y la renovación: el regreso de la luz.

Las tradiciones celtas revivalistas identifican el solsticio de invierno como el momento en el que el Rey del Roble gana la batalla contra el Rey del Acebo, una batalla cuyas tornas girarán en el solsticio de verano. Estas ideas, inspiradas por *La rama dorada* de Sir James George Frazer, se centran en la batalla dual entre las fuerzas de la luz y la oscuridad, la cual se presenta como un ciclo que ha de mantenerse para que la vida pueda continuar.

Los locos y los desórdenes del Yule

En tiempos pasados, muchas celebraciones de mitad del invierno se caracterizaban por los bailes, los festines y el jolgorio, cosas que en su mayoría no se acercaban lo más mínimo a la idea de la Iglesia de aquella época del correcto decoro. Los eventos escandalosos que aparecían alrededor del solsticio a menudo se conocían de forma colectiva como «Fiesta de los Locos». Probablemente fueran intentos por parte de la gente de escapar del puño de hierro de la Iglesia. En Inglaterra, se acabó por nombrar a un «señor del desorden» de entre los nobles de la zona, y se le confiaba la tarea de vigilar las festividades para asegurarse de que no se fueran mucho de las manos. Estos eventos (también conocidos como «desórdenes») incluían desde fiesta salvaje hasta parodias desmesuradas para burlarse de las ceremonias religiosas, siempre con un aire de sacrilegio, sátira y caos sin control.

La Saturnalia podría encajar en la categoría de los «desórdenes», gobernada por un «rey de pega» seleccionado de forma espontánea, cuya tarea era parecer en aspecto y apariencia lo más estúpido posible. Además, los esclavos y sus amos (lo que, en la actualidad, equivaldría a los jefes y sus subordinados) intercambiaban sus roles mientras duraba el festival. Aunque el motivo era serio (asegurarse de que las cosechas volvieran a crecer cuando llegaran el sol y la calidez), las festividades en sí eran ruidosas e irreverentes.

A pesar de los esfuerzos de la Iglesia por sofocar esos eventos (lo cual se parece mucho a las festividades actuales de Mardi Gras), la Fiesta de los Locos persistió en zonas de Europa hasta bien entrado el siglo XVII. La idea de los locos y el desorden se perpetuó en las tradiciones de los *mummers,* la danza Morris o en la celebración conocida como «los Doce Días de Navidad», que comienza el día 25 de diciembre y se extiende hasta el 5 de enero. Estas actividades eran la forma que tenía la gente de abrazar los recurrentes símbolos y celebraciones y llevar la luz a las profundidades oscuras del invierno. Son ideas que no han cambiado demasiado: hoy en día, mucha gente todavía afronta la temporada festiva organizando fiestas y reuniones con amigos y familiares, como una forma de traer un poco de desorden a este oscuro y silencioso rincón del año.

Pisándole los talones a los locos y los desórdenes están los *mummers* y los bailarines de la danza Morris, una expresión teatral característica de la temporada invernal de diferentes culturas a través de la cual recrean costumbres y tradiciones regionales utilizando el drama y la danza. Matthews nos cuenta que, en Gran Bretaña, todavía hoy en día se realizan obras de *mummers* durante la temporada del solsticio, y se hacen representaciones de la matanza ritual del oscuro invierno y el renacimiento de la luz venidera (Matthews, 33).

La danza Morris consiste en cierto número de bailarines (normalmente hombres) que realizan unos complejos bailes al unísono mientras llevan disfraces extravagantes y bastones. Tradicionalmente, los bailarines están desenmascarados, pero llevan un sombrero hongo. Pueden bailar a través de las calles, pero, a menudo, van de puerta en puerta pidiendo libaciones a cambio del entretenimiento que ofrecen. Las tradiciones de los *mummers* y la danza Morris continúa hasta la actualidad en muchos lugares, y ha generado una variedad de tradiciones durante el invierno. En la Filadelfia moderna hay una destacada procesión de *mummers* el día de Año Nuevo. Según Matthews, «la procesión es tan grande que tarda una gran parte del día en pasar frente al ayuntamiento, e incluye todas las clases imaginables de artistas disfrazados».

Otro aspecto de los *mummers* y la danza Morris es la presencia del «Jolly Old 'Oss», el caballito de juguete. Este caballo hecho de trapo y un palo es común en las antiguas celebraciones paganas, y, a menudo, aparece también en las fiestas del Beltane. Se utiliza en muchas obras de los *mummers* o danzas Morris. Se creía que el caballo era una referencia a antiguas prácticas chamánicas, pues los chamanes ofrecían una intercesión entre los humanos y los dioses, y este tal vez proporcionaba una apelación clave para el regreso del sol (Matthews, 34).

Entrega de regalos

Los regalos son desde hace mucho tiempo una tradición durante el invierno. Algunos de los primeros regalos eran ofrendas para aplacar a los dioses y diosas del invierno, con el objetivo de pedir su intercesión para impedir la hambruna, para suplicar que detuvieran las heladas, etc. Se entregaban a modo de súplica, con la esperanza de obtener el favor de los dioses y beneficiarse de él. Este enfoque se aplicaba también al favor de la gente pequeña; tenemos, por ejemplo, a los *Tomtes* suecos, una especie de gnomos específicos de Suecia. Los *Tomtes* viven dentro y alrededor de las casas suecas, los graneros y los cobertizos. Se dice que, por lo general, son criaturas benevolentes y que, siempre que se les muestre el debido respeto (cosa que incluye dejarles pequeños regalos de forma espontánea y durante el frío invierno), protegerán la casa de accidentes y desastres. Se dice que los *Tomte* aprecian de forma especial los cuencos de gachas.

Los regalos durante el invierno podían representar una recompensa o un incentivo por un buen rendimiento o el buen comportamiento. Por ejemplo, tenemos el Día de San Nicolás, que se celebra el 6 de diciembre a lo largo de muchos países europeos. Los niños que se comportan bien y son obedientes se encontrarán con que san Nicolás ha llenado sus calcetines o sus zapatos de caramelos y regalos, mientras que los que se han portado mal solo podrán encontrar ramitas, carbón y piedras pequeñas.

También se daban regalos en forma de amuletos, talismanes y objetos similares para alejar el peligro o garantizar un viaje seguro. Otros se ofrecían a modo de homenaje, por ejemplo, se obsequiaba con abundantes regalos al patrón o al dueño de la tierra. Por poner otro ejemplo, los romanos tenían la costumbre de hacer unos regalos llamados *strenae* durante el Año Nuevo. La palabra *strenae* está conectada con el nombre de una diosa tutelar sabina llamada Strenia que se corresponde con la diosa romana Salus, y de cuyo templo junto a la *Via Sacra* de Roma se llevaban ramas consagradas hasta el Monte Capitolio durante el Año Nuevo (UPenn). Las *strenae* consistían en ramas de laurel y palma, carne con miel y dátiles o higos. En esta época también se daban frutas doradas, monedas (especialmente las que tenían un grabado de la cabeza de Jano, como referencia al dios que podía ver el pasado, el presente y el futuro) y pequeñas lámparas de bronce o terracota, particularmente a los patrones de una persona, a los emperadores o a otros oficiales.

Y, por supuesto, también se entregaban regalos como gestos de amor y buena voluntad. También se podían hacer regalos en forma de servicios. Hoy en día, mucha gente considera estos intercambios de presentes como una de las mayores alegrías de nuestra temporada invernal moderna.

El tronco de Yule

En tiempos antiguos, el tronco de Yule o de Navidad era tradicionalmente de roble, aunque se decía que el tronco de fresno traía buena suerte y conocimiento. El primer paso para preparar la ceremonia del tronco de Yule era limpiar y bendecir la casa. Las mujeres del hogar se encargaban de la limpieza, mientras que el hombre mayor o «patriarca» de la familia buscaba el tronco perfecto. Escogía uno que fuera lo más grande posible. A veces, hacían falta varios miembros de la familia para arrastrarlo hasta la casa si era demasiado voluminoso. Después, se podaba y serraba para que cupiera en la chimenea. A continuación, se añadían tallados decorativos, a menudo en la forma de la Cailleach, la madre anciana celta. Como encarnación del frío y de la muerte, se arrojaba al fuego para que la familia pudiera observar cómo el «invierno» quedaba reemplazado por el calor y la luz, un ritual en el que el tronco ardía como el año solar creciente entre el Solsticio de Invierno y el Solsticio de Verano.

El tronco tallado se engalanaba con vegetación y se ungía con cerveza tipo ale, hidromiel o whisky. Se le prendía fuego durante la víspera del solsticio, a poder ser al primer intento y prendiéndolo con un trozo del tronco del año anterior. Una vez encendido, se observaba el tronco a lo largo de toda la noche, se pedían deseos, se hacían brindis frente a él, y se contaban historias en su presencia. Si el tronco de Yule ardía hasta la mañana, se consideraba un presagio de lo más positivo.

Si tienes chimenea en tu casa, puedes adherirte al ritual del tronco de Yule. Tal vez hasta tengas la suerte de tener un tronco de Yule guardado desde el año pasado. Si no es así, puedes hacerlo a partir de un trozo robusto de leña bien curada o a partir de un trozo de leña seca que hayas encontrado (¡se considera que da muy mala suerte cortar un tronco de Yule de un árbol vivo!). Hasta una rama que sea robusta puede simbolizar el tronco de Yule si es necesario.

Antes del encendido, prepara tu tronco consagrándolo. Unge la madera con aceites de pino, cedro, enebro u otras plantas de hoja perenne, concentrándote en un «buen Yule» y dando las gracias por la forma que tienen las plantas de hoja perenne de resistir, y por cómo la madera nos ayuda a protegernos del frío. Puedes utilizar una navaja de bolsillo o un quemador de madera para tallar señales rúnicas, inscripciones o sigilos en la madera, como forma de hacer ofrendas al fuego del Yule, y también puedes utilizar bolígrafos para escribir con tinta sobre la superficie de la madera. Se pueden atar plegarias y peticiones escritas al tronco con lazos de los colores del Yule o hilo de algodón. Trabaja con las correspondencias del tronco de Yule: resistencia, fuerza, triunfo, protección y suerte.

Enciende el tronco de Yule de forma ceremoniosa, a poder ser dentro de una habitación a oscuras. Para un efecto especial mágico, enciéndelo con una técnica sin cerillas, como un encendedor de acero y pedernal, o con encendedores ocultos impregnados de cera de abeja y aceites esenciales. Contempla el milagro del fuego (luz y calidez) y el misterio de las llamas que emergen del tronco. Mientras el humo se eleva, imagina que tus plegarias, peticiones y deseos son enviados a los guardianes y a las deidades. Tal vez quieras hacer una pequeña adivinación con el fuego mientras contemplas las llamas. Si en tu ceremonia hay otras personas, asegúrate de ofrecer brindis y aclamaciones y de contar buenas historias mientras observáis el tronco.

Cuando quites el árbol del solsticio de este año, corta un trozo del tronco para utilizarlo como encendedor del tronco de Yule del año que viene. Frótalo con las cenizas del tronco de este año, etiquétalo de forma clara (para que nadie lo confunda con madera corriente) y guárdalo hasta el próximo invierno.

El Año Nuevo

El calendario gregoriano moderno señala el 1 de enero como el comienzo del nuevo año, y los años del calendario de hoy en día siguen este mismo patrón. Sin embargo, este no siempre fue el caso.

Un predecesor antiguo de nuestro calendario moderno fue el calendario romano, que se utilizó desde la fundación de Roma hasta la disolución del Imperio romano en el año 476 de la Era Común. Se crearon varias versiones del calendario romano, haciendo ajustes al número y a la duración de los meses, y a varios ciclos de días. En los calendarios romanos más primitivos, el Año Nuevo se basaba en el «año consular», y estaba relacionado con las fechas en las que los cónsules romanos ocupaban su puesto: en épocas diferentes, este se llegó a celebrar en fechas como el 1 de mayo o el 15 de marzo y, al fin, después de que se añadieran los meses de *Januarius* y *Februarius*, el 1 de enero (Bennet). Los expertos no tienen muy clara la razón exacta por la cual el 1 de enero se convirtió en el Año Nuevo definitivo, pero señalan que el cambio se realizó poco a poco a lo largo de la Edad Media en Europa. De hecho, varios países utilizaban fechas diferentes durante el siglo xv.

El calendario juliano es un refinamiento definitivo del calendario romano, y se le atribuye a Julio César en el año 46 antes de la Era Común. El calendario juliano establecía un año regular de 365 días y doce meses, añadiendo un día en febrero cada cuatro años, y tratando de seguir con fidelidad el calendario solar. El calendario gregoriano (lo que hoy en día conocemos como «nuestro» calendario) lo introdujo en el año 1582 de la Era Común el entonces papa Gregorio, y por eso lleva su nombre. Los objetivos principales del calendario gregoriano eran retocar el calendario juliano y, más importante todavía, calcular una fecha de celebración regular para la Pascua Cristiana.

Lo más importante en este punto es saber que las fechas y las tradiciones del Año Nuevo han cambiado a lo largo del tiempo, al igual que las celebraciones. Hoy en día, el Año Nuevo por lo general es un momento de fiestas, fuegos artificiales y celebraciones. Muchas comunidades religiosas consideran la última noche del año como una noche de vigilia, y se reúnen para despedir el año viejo y dar la bienvenida al nuevo.

Los antiguos egipcios hacían una gran fiesta en el Delta del Nilo para celebrar el Año Nuevo, con barcazas apiladas repletas de ofrendas a modo de santuarios. La gente de Estados Unidos enciende la tele para ver cómo «cae la bola» de Times Square, o asisten en persona si pueden hacerlo. Los mexicanos y los españoles celebran la última noche del año comiendo doce uvas con cada una de las doce campanadas del Año Nuevo, mientras que los portugueses comen doce pasas, una por cada mes del año. Los franceses lo celebran con un festín por todo lo alto.

Escocia podría tener una de las tradiciones más interesantes con el *Hogmanay*, que sale de los hogares privados e invade las calles. El término *Hogmanay* podría ser una deformación de la expresión *au gui menez*, «llevar al muérdago», lo que sugiere que la celebración tiene raíces druídicas, ya que los sacerdotes druidas de Gran Bretaña solían cortar el muérdago sagrado en la época alrededor del Solsticio de Invierno. Matthews también sugiere que el término podría venir de una canción celta que comenzaba con *oge midne*, «nueva mañana» (Matthews, 188). En cualquier caso, el término *Hogmanay* se ha convertido en sinónimo del Año Nuevo y de una fiesta por todo lo alto al estilo escocés.

Otra tradición escocesa para el Año Nuevo muy conocida es la del «primer visitante». En su forma más simple, se dice que la primera persona que visite la casa durante el Año Nuevo presagiará la suerte durante el año siguiente. Que venga de visita un hombre de pelo negro se considera la mejor de las suertes. Una versión más elaborada consiste en apagar todas las luces de la casa antes de la medianoche, salvo por la llama de una sola vela. Después, se manda fuera a un miembro de la familia con la vela, y este tiene que impedir que se apague. A medianoche, la persona tiene que llamar a la puerta y todos los que están dentro le dan la bienvenida. Entonces, el «invitado» recorre la casa y utiliza la vela para encender de nuevo el hogar de forma ceremonial. Es sencillo ver las conexiones entre este ritual y los temas del «regreso de la luz» comunes en las celebraciones del solsticio.

En otra variación, el «primer visitante» trae un pedazo de carbón para atraer la buena suerte. La tradición escocesa también requiere que esa persona traiga una botella de alcohol, normalmente whisky escocés. Esta es, por cierto, la bebida tradicional con la que se brinda por el Año Nuevo, mientras se canta la canción escocesa *Aulde Lang Syne*. Otros regalos tradicionales pueden ser galletas de mantequilla, tarta de frutas y el «bollo negro», que es una tarta de frutas de un color muy oscuro. En cuanto el «primer visitante» ha entrado y se le ha dado la bienvenida, comienzan las festividades, con cantos, bailes y mucha comida y bebida. En esta época también se sirve tradicionalmente el ponche de huevo.

Estas «tradiciones antiguas» del festival de mitad del invierno (dioses y diosas, regalos, alegría, luces, la promesa de la vida renovada, homenajes al sol y las consecuentes celebraciones) siguen siendo importantes para nosotros hoy en día, guiadas como están por los movimientos inexorables del sol, los cielos y la gran rueda estacional.

LAS TRADICIONES MODERNAS

passion, wisdom, insight, search for meaning, sacrifice, eter...

...nd looking inward, evaluation, reflection, meditation, hibern...

...d scrying, study, journaling, tool crafting, feasting, commu...

...k, deep ritual, vigil personal retreat, Amaterasu, Baba...

...runo, Cailleach, Carlin, Carravogue, Ceres, Demeter, De...

...Koliada, Lachesis, Marzana, Rind Skadi, Snegur...

...ohus, Hodhr, Lugh, Saturn, Dilis Varsvlavi, Cert, E...

...Knight, Green Man, Holly King, Karkantzaros, Knec...

...tzelfrau, Pelznichol, Perchta, Samichlaus, Stallo, Tomo...

...Egregores, green: evergreen, abundance, life, new beginnings,...

...th, gifts, prosperity, solar energy, red: holly berries and...

...fire, white: silence, calm peace, protecting, cardamom: di...

...m psychic powers, cinnamon: access to astral and spiritua...

...an strength, cloves: attraction, authority, healing power, pr...

...ntuition, renewal, transformation, vitality, mistletoe: peace,...

...protection, nutmeg, alertness, awareness, inspiration, intellig...

...alm, divination, intuition, psychic powers, relaxation, rosema...

...thing, divination, healing, mental clarity, physical and psy...

...trength, sage: calm concentration, confidence, health and he...

En este capítulo exploraremos el festival de mitad del invierno desde una perspectiva más moderna. ¿Qué significa ser un pagano que celebra el invierno hoy en día? Solo unos pocos de nosotros continuamos viviendo como granjeros... entonces, ¿por qué continuamos siguiendo la Rueda del Año, cuando se trata de un calendario agrícola? ¿Cuáles son los símbolos del invierno, y cómo conectan con esta temporada los paganos modernos y el resto de la sociedad? ¿Dónde están las conexiones entre nuestro pasado antiguo y nuestras prácticas modernas? ¿Y qué es a lo que se refieren los paganos modernos cuando hablan sobre el Yule?

Celebrar una festividad antigua en un mundo moderno

Estos son los días en los que el cielo está oscuro cuando nos levantamos, y también está oscuro cuando llegamos a casa al final de la jornada. Estos son los días de llevar jerséis, hacer ollas de sopa y manzanas asadas, aovillarse con un buen libro y una taza de té, y disfrutar del fuego de la chimenea. Durante esta época, mucha gente traslada los cambios estacionales al interior de sus hogares, pequeños detalles que indican que está llegando el invierno: sábanas de franela en las camas, toallas de colores invernales en el cuarto de baño, manteles especiales, jabones con aromas de romero y enebro, mezclas de tés calentitos y una decoración característica, como una guirnalda de cristal que evoca una ráfaga de nieve y hielo.

Las formas en las que las culturas modernas celebran el invierno son tan variadas como fascinantes, y la mayoría de ellas incluye al menos algunos de los símbolos recurrentes que asociamos con las tradiciones paganas para el invierno, como el intercambio de regalos, el nacimiento, los festines, los conceptos de paz y buena voluntad y, por encima de todo, las luces y el regreso del sol.

En Japón, el periodo del solsticio se conoce como *Toji*. Muchos japoneses toman vacaciones durante esta época y realizan ceremonias que incluyen hogueras, comer calabazas (se cree que las calabazas dan suerte) y honrar a sus ancestros. En el día del solsticio, se encienden fuegos en el monte Fuji (la montaña más alta de Japón) para dar la bienvenida al regreso del sol naciente, el símbolo nacional de Japón.

Las Posadas (entre el 16 y el 24 de diciembre) es una celebración del invierno de nueve días que se celebra por todo México. El punto más álgido de las festividades es la procesión del «peregrino», en la que caminan por la aldea o por los barrios y llaman a las puertas para pedir posada, es decir, refugio. Esto se hace para conmemorar la búsqueda de refugio de san José y la Virgen María para que pudiera nacer el niño Jesús, un niño sagrado, símbolo de la luz y la renovación. Es otra referencia más al tema de la nueva vida en invierno. Se invita a los peregrinos al interior de las casas, y se hacen actividades divertidas y alegres, como vendar los ojos de los invitados, quienes tratan de romper una piñata (normalmente, una figura de barro cocido llena de regalos y sorpresas y decorada con papel maché) que está colgada del techo. Cuando se rompe la piñata, se reparten los regalos y da comienzo la fiesta.

Los iraníes celebran la noche más larga del año, que conocen como *Yalda*. Es una ceremonia de origen indoiraní basada en la creencia de que la luz y el bien luchan contra la oscuridad y el mal. Con los fuegos ardiendo y las luces encendidas, familiares y amigos se reúnen para quedarse despiertos por la noche y ayudar al sol en su batalla contra la oscuridad. Recitan poesías, cuentan historias y comen frutas especiales y frutos secos hasta que el sol, triunfante, reaparece por la mañana.

En China, durante las antiguas monarquías, el 22 de diciembre era el día en el que el emperador lideraba una ronda anual de sacrificios a los dioses. Estos rituales eran secretos, y se conserva escasa información al respecto. En la China de hoy en día, muchos siguen tomando el solsticio como una festividad en la que organizar festines y hacer ofrendas a sus ancestros.

Y, por supuesto, el Yule es significativo e incluso sagrado para muchos de los paganos de hoy en día. Aunque las descripciones y las conexiones varían, estos festivales normalmente contienen claras referencias al ciclo de la Rueda del Año y a los símbolos que asociamos con el invierno.

Para los wiccanos, la festividad se conoce como Yule, y generalmente tiene lugar durante la víspera del solsticio y en ese mismo día. Un ritual wiccano para el Yule consiste en trazar un círculo, invocar a los cuatro cuartos, las cuatro direcciones o las cuatro torres, elevar la energía, y trabajar concentrándose en una deidad. El tronco de Yule suele ser un elemento central, y el ritual puede incluir las peticiones de paz, buena voluntad y de un próspero Año Nuevo. Se realizan ruegos y ofrendas para las diosas madres, y las ideas de renacimiento y nueva luz ocupan el centro de atención.

Las brujas de la tradición de la Reclamación pueden utilizar o no un ritual estructurado y, si lo hacen, es similar a un ritual wiccano típico. La diferencia más importante es que, en la Reclamación, el Yule consiste en mantener una vigilia intencionada frente al fuego de un tronco de Yule durante la noche del solsticio, después de la cual hacen las veces de matronas para el renacimiento del sol. Tras esto, se realiza el «canto al sol» durante el amanecer.

Los paganos que celebran tradiciones nórdicas utilizan muchos de los símbolos familiares del Yule, pero celebran el invierno como un festival de doce días (las Doce Noches del Yule), que comienza el día del solsticio de invierno o alrededor de él, y termina el 1 de enero (hay que tener en cuenta que los tiempos pueden variar dependiendo de la fecha de inicio). Cada noche se centra en una actividad en específico, algunas se realizan de forma comunitaria (en grupos de paganos que practican juntos) y otras se hacen de forma individual o con la familia de cada uno. Se pueden dar regalos cada noche. Algunas de las actividades pueden ser:

Decorar con vegetación: incluido el árbol de Yule.

Adivinación de sueños: los sueños que se experimentan durante esos doce días se consideran proféticos sobre el nuevo año; se registran los sueños mediante un diario.

Disfraces: vestirse con pieles de animales o máscaras y actuar en obras de teatro, bailes y procesiones, o desfilar con efigies de animales, calaveras, etc.

Mumming, danza Morris y bailes de espadas: similar a la danza Morris, el baile de espadas consiste en un baile coreografiado de forma cuidadosa en el que se utilizan espadas, por lo general con muchos saltos y golpes. El baile de espadas a menudo concluye con una decapitación falsa, seguida por una resurrección ceremonial.

Ponche caliente: se lleva ponche caliente de casa en casa y se utiliza para bendecir árboles frutales con el objetivo de garantizar cosechas copiosas durante el próximo año.

Quemar el tronco de Yule: lo tradicional era traer el tronco durante la Noche de las Madres y, para tener la mejor suerte y fortuna para el Nuevo Año, se quemaba en cada una de las Doce Noches del Yule.

Los paganos que abrazan el Reconstruccionismo Celta o el Druidismo Reconstruccionista Celta normalmente no celebran el Solsticio de Invierno. Creen que esta no era una ocasión señalada para los antiguos druidas, que solo reconocían los cuatro festivales del fuego (Imbolc, Beltane, Lughnasadh y Samhain) y consideraban el Samhain como el comienzo del invierno. Sin embargo, los registros folclóricos nos revelan que los pueblos celtas sí que celebraban el invierno y, después de la cristianización, también la Navidad. Por ejemplo, los escoceses normalmente celebraban la temporada de invierno y la Navidad a partir del 12 de diciembre, y continuaban durante al menos un mes (Hopman, 69). Durante este tiempo, se detenía gran parte del trabajo normal de la casa y no podía reanudarse hasta que terminara la celebración del Yule, normalmente entre el 11 y el 12 de enero. Kevin Danaher nos cuenta que, para los irlandeses, las temporadas del Solsticio de Invierno y de Navidad se encontraban entre los momentos más importantes del año (Danaher, 233-243). Antes de la celebración, se limpiaban a fondo las casas irlandesas, así como los graneros y las granjas. Se engalanaban las casas con vegetación, y cada hogar tenía un tronco especial para quemar en Nochebuena, el *blog na nollag*. También se encendían velas en Nochebuena, una por cada miembro de la familia. Esa noche se hacía ayuno, pero en el propio día de Navidad se celebraban grandes banquetes, y los mejores regalos para compartir con los vecinos eran deliciosas comidas. La gente empezaba el Día de Navidad yendo a la iglesia, y después se pasaba el día cobijada con su familia.

Los druidas eclécticos modernos a menudo honran el solsticio, con el razonamiento de que los solsticios eran eventos astronómicos clave que habrían sido celebrados por los druidas y otros pueblos entendidos. Los rituales del solsticio a menudo consisten en una procesión hasta la ubicación del rito; en la invocación de energía; en la realización de ofrendas a los tres reinos, la tierra, el mar y el cielo; en ofrendas a los dioses, ancestros y espíritus de la naturaleza; en la conexión con una deidad; en la participación en actos de adivinación o en lecturas de presagios para intuir los resultados de la ceremonia.

En cada uno de estos ejemplos vemos temas recurrentes: la luz, referencias al regreso del sol, peticiones de paz y bienestar. Tampoco nos sorprende ver las ceremonias y la decoración propia de la estación que se utiliza a lo largo del ritual, protagonizada por plantas de hoja perenne, velas, música y banquetes de conmemoración: normalmente, no hay limitaciones con los pasteles y la cerveza tipo *ale* en la celebración del invierno. Los regalos, los juegos y otras expresiones de celebración y alegría son también una parte común del ritual del Yule.

El mundo natural en el Yule

Si nos alejamos del «paisaje» profusamente esculpido del ritual formal, el paisaje clásico del invierno es del mismo modo inconfundible. Los árboles de hoja caduca han perdido sus hojas y se alzan esqueléticos, mientras que las ramas de los árboles de hoja perenne están cargadas de lluvia, nieve y hielo. Una capa de nieve puede cubrir el paisaje, aislando la tierra contra las temperaturas más frías y proporcionando protección para las plantas, los insectos y otros animales. Las orillas de los ríos y riachuelos pueden congelarse, al igual que la superficie de los lagos y estanques, aunque el agua por debajo permanecerá en estado líquido, permitiendo que la vida acuática se conserve. Algunos animales hibernan, mientras que otros se hunden en un estado de metabolismo reducido conocido como «letargo». Sin embargo, otros deben vivir durante el invierno, haciendo lo que puedan para sobrevivir, aunque no todos lo consiguen.

El paisaje es al mismo tiempo severo y hermoso y, por encima de todo, es silencioso. El aire limpio y frío de las noches junto con los días cortos proporcionan unos cielos nocturnos increíblemente claros y unas vistas extraordinarias de las estrellas, los meteoritos e incluso de las luces del norte, si se vive en el lugar adecuado. El paisaje cubierto por la nieve crea un aura de pureza y paz. Hay una sensación de que la tierra está durmiendo, y de que el mundo natural está reuniendo fuerzas y creando una magia silenciosa mientras espera a la llegada de la primavera.

Ahora bien, tu propio paisaje invernal puede ser diferente, por supuesto. Cuanto más cerca vivas del ecuador, menos cambios experimentarás en cuanto a la temperatura estacional y sus ligeras variaciones. De modo contrario, cuanto más lejos te encuentres del ecuador, más profundos serán esos cambios. Pero, incluso aunque vivas en una zona que sea cálida y soleada a lo largo de todo el año, o en una donde la norma sean semanas de lluvias y nunca llegue a nevar, todavía podrás encontrar variaciones estacionales, si es que prestas atención. Examina el paisaje a tu alrededor. ¿Qué plantas tienen hojas o están floreciendo? ¿Qué pájaros y otros animales siguen por ahí, y cuáles han migrado o se han puesto a hibernar? ¿Cómo de largos son los días? ¿Qué estrellas y planetas giran sobre tu cabeza? Trata de salir al exterior todos los días para que tu propia experiencia invernal sea más fuerte.

¿Por qué esto es tan importante para las personas que usamos la magia? El invierno es una época de resiliencia. Es un momento para mirar en las profundidades de nuestro interior y encontrar fuerza, alimentar la chispa interior que hay dentro de nosotros y mantenerla a salvo y calentita durante estos meses tan fríos. Pero no vamos a romantizar esto en exceso. El invierno es duro. Los cambios de tiempo, el frío, la nieve y el hielo, así como la falta de comida, pueden ser letales, y solo las plantas y criaturas más fuertes y con más capacidad de adaptación son capaces de sobrevivir. Del mismo modo, mucha gente de hoy en día se enfrenta a un trastorno afectivo estacional durante los meses del invierno. En cierto modo, de forma tanto real como metafórica, el invierno es uno de los factores limitantes de la naturaleza, una forma de garantizar la supervivencia del más apto. Pero de esas dificultades salen el valor, la fuerza y la independencia.

Los humanos modernos también podemos aprovechar o utilizar el invierno para bajar a las profundidades en busca de fuerza y emerger renovados cuando llegue la primavera. Es una época que tiene muchas cosas que ofrecer si tratamos de alcanzarlas. Formar parte activa del invierno en vez de evitarlo es un elemento esencial de todo esto. Haz que el invierno sea tu amigo; tu compañero estacional.

Los símbolos del invierno

Nuestras celebraciones modernas del invierno están llenas de representaciones simbólicas de la estación; la mayoría de ellas, con conexiones antiguas. Cuando llevamos esas imágenes a nuestros propios hogares y las utilizamos en las festividades, podemos sentir las conexiones con tiempos pasados, enriqueciendo así las celebraciones y haciendo que sean todavía más maravillosas. Los símbolos hacen que nuestros alrededores sean más bonitos e inspiren nuestra magia. Y no solo eso, sino que además puede resultar muy divertido.

Nacimiento y renovación

Como hablamos en el capítulo de las Tradiciones Antiguas, la mayoría de las tradiciones del Yule incluyen una temática de muerte, nacimiento o renovación, y esto se expresa a menudo como un niño sagrado de alguna clase, que nos da la esperanza de que la vida se renovará a sí misma mientras la Rueda del Año continúe girando. El solsticio nos trae el regreso de la luz; la vida renace desde el útero de la tierra en forma de un hijo de la luz, ya sea ese hijo un bebé humano, un oso que hiberna en su guarida, la constelación de Orión asomándose por el horizonte invernal, u otra cosa que haya nacido de nuevo durante la estación.

Velas

Las velas nos recuerdan el regreso de la luz, pues hasta una vela pequeña puede iluminar una habitación completamente a oscuras. También son una poderosa herramienta mágica, ya que una vela encendida está conectada con los cuatro elementos de forma simultánea. Las velas son a menudo parte importante de la magia, los rituales y la atmósfera de la estación, en especial si son de los colores tradicionales de la temporada (rojo, verde, dorado o blanco) o tienen aromas de hierbas y especias de la época, como el incienso, el cedro o la canela.

Colores

Los rojos y verdes que asociamos con el Yule representan los regalos de las plantas de hoja perenne y las bayas que florecen durante esta temporada. El color dorado suele estar conectado con el Yule, simbolizando principalmente el sol, pero también como un indicio de las riquezas y regalos simbólicos del invierno. El blanco es un signo de pureza y del silencio que trae la nieve al mundo. El blanco también es enormemente reflectante, casi creando su propia luz durante las profundidades de la época del solsticio.

Plantas de hoja perenne

Como permanecen verdes y llenas de vitalidad durante todo el año, las plantas de hoja perenne son un símbolo de vida, fuerza, perseverancia y protección durante la hostilidad del invierno. Decoramos nuestros hogares con guirnaldas, coronas de flores y árboles de hoja perenne, y engalanamos la vegetación con lazos y elementos decorativos como forma de invocar este antiguo don protector. La vegetación también llena la casa de una aromaterapia instantánea. Incluso aunque utilices vegetación artificial, estás capturando igualmente la esencia de las plantas perennes. Para dotarlas de algo más de realismo, puedes agregar a la vegetación artificial unas gotitas de aceite esencial de conífera.

Banquetes

Para los pueblos antiguos, el invierno era una época terrorífica, una etapa en la que tenían que vivir de la comida y el combustible que habían almacenado durante los meses más cálidos y rezar para que fuera suficiente. La llegada del Solsticio de Invierno significaba una oportunidad renovada de supervivencia, y por lo general se honraba este momento con la celebración del mejor festín posible. De ese modo, los banquetes del solsticio se han convertido en un símbolo de abundancia, alegría, gratitud y optimismo. Ya sea planeando una fiesta, una comida o un gran convite de celebración, no tengas miedo de fundirte con la esencia de la temporada y tirar la casa por la ventana con un plato que sea realmente espléndido o con un mareante despliegue de propuestas. El capítulo de *Recetas y Artesanía* de este libro te dará algunas buenas ideas para tus propios festines de celebración.

Regalos

El intercambio de regalos es un elemento importante en muchas tradiciones invernales. Dar regalos muestra que nos preocupamos por el bienestar de los demás, y que estamos dispuestos a ayudarnos los unos a los otros a sobrevivir al largo y frío invierno. Muestra que estamos dispuestos a compartir nuestra buena fortuna con los demás. Esta clase de acciones comunes proporciona un profundo significado a nuestra experiencia de la temporada del solsticio, y nos une más entre nosotros. También nos recuerda que debemos cuidar los unos de los otros, ya que hace falta estar unidos para poder superar el invierno. Los mejores regalos son los que ayudan a los demás; por ello, muchas familias tienen la tradición de hacer servicios comunitarios durante las vacaciones de invierno.

Disfraces

El acto de disfrazarse de animal o de algún otro elemento permitía a los humanos aborígenes honrar a los animales sagrados o totémicos, y representar la idea del sacrificio al relacionarse de forma simbólica con los animales que les han ofrecido sustento durante el invierno. En un momento de la historia, las procesiones de gente disfrazada de animales aparecieron en el contexto de los rituales invernales de muchas culturas. Los disfraces todavía continúan hoy en día, por lo general, junto a la práctica de los *mummers* y la danza Morris. Es también una práctica común crear una efigie de algún animal, sobre todo a partir de fardos de grano y paja, para tener a estas especies presentes durante las celebraciones del invierno como forma de pedir fertilidad y abundancia.

Hierbas y especias

El cedro, el abeto, la canela, el cardamomo y la menta son algunos de los olores más bienvenidos de esta temporada. Condimenta las velas con aceites esenciales; mezcla infusiones de hierbas con el té, el café o el chocolate caliente, saca cuencos de plantas aromáticas; hierve hierbas y cítricos troceados en una tetera llena de agua sobre el fogón o vierte unas gotas de aceites esenciales en el agua de la bañera.

Luces

Si el Solsticio de Invierno consiste en algo, ese algo es la luz, ya sea la luz del fuego en nuestro hogar, la luz de la vida renovada, la luz de nuestros corazones o la luz del sol que regresa. La luz puede representarse de muchas formas: velas, hogueras, luces navideñas e incluso guirnaldas de espumillón brillante, o el propio sol. Hoy en día, la mayoría de las culturas mágicas y muchas de las no mágicas realizan alguna clase de celebración en torno a la época del Solsticio de Invierno, y prácticamente todas giran en torno a la luz. Por ejemplo, está la celebración judía del Janucá, la misa de medianoche cristiana a la luz de las velas, o la idea pagana de hacer vigilia sentados junto a un fuego y esperando al amanecer del solsticio. Una historia sobre la luz del invierno que se ha repetido muchas veces es la del Cuervo, animal que muchas tradiciones aborígenes de Norteamérica consideran al mismo tiempo un embaucador y un portador de la luz, como en esta versión de Tlingit:

Hace mucho tiempo, el Cuervo miró abajo desde el cielo y vio que la gente del mundo estaba viviendo en la oscuridad. La gran esfera de luz estaba escondida y oculta por un viejo jerarca egoísta. De modo que el Cuervo se convirtió en una aguja de pícea y flotó por el río hasta donde la hija del oscuro caudillo había ido a por agua. La muchacha se bebió la aguja de pícea. Se quedó embarazada y dio a luz a un niño, que era el Cuervo disfrazado de bebé, el cual lloró y lloró hasta que el jefe le dio la bola de luz para jugar. En cuanto tuvo la luz, el Cuervo volvió a convertirse en sí mismo y se llevó la luz hasta el cielo. Desde ese momento, ya nos libramos de la eterna oscuridad. (Swanton)

Para ver una maravillosa expresión folclórica de esta leyenda del cuervo, que incluye un precioso arte costero del noroeste, podéis ver la serie de televisión *Doctor en Alaska*, el capítulo 25 de la tercera temporada. También podéis buscar en internet un vídeo de YouTube de tres minutos del desfile del Cuervo al final de la serie; garantizo que os ayudará a «sentir» la estación.

Animales mágicos

Los animales mágicos ocupan un lugar clave dentro de las tradiciones del Yule. Podemos imaginar la Cacería Salvaje avanzando a toda velocidad durante una noche tormentosa, la Osa Mayor moviéndose en su carro a través de los cielos estrellados sobre nuestras cabezas, o los renos mágicos que tiran del trineo de Papá Noel. Los irlandeses creen que, durante la Nochebuena, las vacas y los burros se arrodillan para adorar al niño Jesús, y que también son capaces de hablar en ese momento (Danaher, 239). Los animales también tienen papeles tradicionales en muchas representaciones invernales.

El ciervo, por ejemplo, aparece en las historias y las leyendas del invierno por todo el mundo mágico. Están fuertemente asociados con el invierno, en particular como objeto de caza. Se sabe que los ciervos son criaturas tímidas, y se los considera, al mismo tiempo, animales solitarios y de manada. Gran parte de su actividad es nocturna, lo que les ha granjeado su reputación como uno de los gentiles fantasmas de la noche. Dado que los ciervos no hibernan y deben buscar comida durante el invierno, desde hace mucho tiempo han sido una importante fuente de alimento durante estos meses tan fríos.

El ciervo macho sigue siendo sagrado durante la estación oscura como un símbolo del Dios Cornudo, que reina durante el invierno. Una variación es el *Woden* anglosajón, que a menudo se representa ataviado con cuernos mientras galopa junto a la Cacería Salvaje. Y, hablando de cuernos, el «Ciervo Rey» es uno de los símbolos masculinos arquetípicos más fuertes, y los reyes antiguos a menudo eran coronados con astas de ciervo, según cuentan las leyendas artúricas. En muchas culturas chamánicas, el curandero o la curandera podía llevar astas de ciervo para invocar al dios del bosque o al propio animal totémico, para asegurar una buena temporada de caza durante el año siguiente. Algunas de las máscaras más antiguas conocidas que se han encontrado entre las tribus aborígenes de los Estados Unidos son de ciervos y alces.

Los ciervos también se pueden encontrar rebuscando entre las historias antiguas de Egipto, Grecia, India y gran parte de los mitos indoeuropeos. En la tradición celta, los ciervos aparecen a menudo como seres mágicos durante la Cacería Salvaje, en la que marcan la entrada al reino de las hadas o aparecen como formas transfiguradas de mujeres de otros mundos. Los practicantes de magia de hoy en día veneran al ciervo como símbolo de orgullo, fuerza y virilidad, además de como foco de consagración o purificación.

El ciervo también es sagrado durante el Solsticio de Invierno debido a la creencia de que el ciervo macho lleva al sol entre sus astas. De forma simbólica, las astas del ciervo se asemejan a las ramas de los árboles y, al igual que estas, las astas se mudan y vuelven a crecer cada año como un ejemplo en la vida real del renacimiento y el rejuvenecimiento.

Las vacas y los bueyes son importantes símbolos invernales de comida y abundancia para la gente de climas subárticos. El periodo en torno al Solsticio de Invierno señala el momento tradicional de «sacrificar las hordas», en el que se seleccionan los animales de la manada para la matanza con la que obtener alimento. No es casualidad que hoy en día en las celebraciones invernales todavía se sirvan asados de costillas de primera calidad.

Los cerdos también son las estrellas del invierno. Se trata de unas criaturas muy inteligentes, y durante mucho tiempo se los consideraba animales poderosos y sagrados. Los antiguos celtas creían que los cerdos eran un regalo desde el otro mundo, y el dios nórdico de la luz del sol, Frey, recorría el cielo montado en el lomo de un jabalí dorado, *Gulli-burstin*, cuyas cerdas puntiagudas se asemejaban a los rayos del sol. Los cerdos a menudo aparecen en las mesas de los banquetes invernales (¿quién no ha comido cochinillo asado en Navidad?) y también son parte de un antiguo ritual de sacrificio conocido como «llevar el jabalí», en el que se hace desfilar entre la gente la cabeza de un jabalí salvaje como una especie de homenaje al sacrificio invernal. Esto es probablemente lo que originó la tradición de servir un lechón como parte del banquete invernal tradicional en Inglaterra. El desfile de la cabeza del jabalí todavía tiene lugar cada año en el Queen's College de Oxford, y probablemente también en más lugares.

Los que prefieren no servir una criatura entera en un plato pueden crear la efigie de un jabalí; se puede empezar con una bola de queso o un jamón pequeño, y después clavarles palillos de dientes a modo de cerdas en las que colocar cubitos de carne o queso. Utilizando palillos, se pueden colocar aceitunas a modo de ojos, y un trozo de pimiento rojo para crear una boca. Se puede colocar el «jabalí» sobre un plato, adornarlo con vegetales, hierbas y velas, y hacerlo desfilar por la habitación a modo de sacrificio culinario no tradicional.

El caballo también es sagrado para muchas culturas. Matthews describe un ritual invernal conocido como *hoodening*, en el que un hombre disfrazado de caballo va de puerta en puerta para pedir dinero a cambio de entretenimiento. El caballo de pega era transportado por varios hombres, conocidos como *hoodeners*. «Se colocaban monedas en la boca al caballo y, a cambio, el *hooden* ofrecía bendiciones y sabios proverbios. De ahí viene la expresión inglesa *from the horse's mouth*, es decir, "de la boca del caballo", que se utiliza para decir que sabemos algo de primera mano» (Matthews, 155). La leyenda sugiere que «Robin Hood se desangró hasta morir la víspera del Yule, y reapareció en forma de caballo», lo cual llevó a una tradición (que se ha seguido realizando hasta el siglo XVIII) de «desangrar» caballos la víspera del Yule como forma de garantizar la buena salud (Hopman, 69).

El oso también es protagonista en los juegos de la temporada de frío. En muchas culturas tradicionales se venera al oso como símbolo del invierno encarnado, pues, cuando los osos emergen de su periodo de hibernación, la luz y la vida han regresado claramente a la tierra. Y, en el hemisferio norte, la constelación Ursa Major (la Osa Mayor) avanza sobre su carro sobre nuestras cabezas durante los meses de invierno.

Muérdago

El muérdago es una planta parasitaria que crece en otros árboles y arbustos leñosos, en particular sobre los robles. Los antiguos druidas cosechaban muérdago durante el Yule con una gran ceremonia, y creían que se trataba de una planta sagrada con cualidades protectoras. Es una de las pocas plantas que florecen durante los meses de invierno y, en la Saturnalia, se realizaban rituales de fertilidad debajo del muérdago; tal vez sea esa la razón de la tradición moderna de besarse debajo de él. Nuestro uso del muérdago de hoy en día recuerda a esas tradiciones. Pero hay que tener cuidado: el muérdago es venenoso si se ingiere.

Paz y bienestar

La idea de que se puede sobrevivir durante la época del frío a salvo y en paz, con comodidad y libres de peligro, es algo que está en el corazón de las tradiciones y los rituales del invierno. Las celebraciones propias de este tiempo parecen unir a la gente en un esfuerzo compartido por lograr la supervivencia y, durante estos meses oscuros, muchos dejan a un lado sus frustraciones y sus pensamientos negativos en pos de los beneficios comunitarios de sobrevivir al invierno.

Sol

Para la gente de la tierra, el sol lo es todo. De la forma más literal, el sol es el responsable de que haya tanto luz como vida, pues sin su energía para hacer posible la fotosíntesis y que crezca la vida vegetal, nada podría sobrevivir en la Tierra. Eso es lo que honramos en los solsticios, mientras el sol avanza a través de su ciclo anual.

Tribalismo

Siempre habrá gente que, por una razón u otra, se encuentre sola durante el Yule, o elija celebrar estas fiestas en soledad. Pero la mayoría de las festividades del Yule están dirigidas por completo a la celebración comunitaria; es un momento de celebrar la unión entre la familia, los amigos y la comunidad. Para la gente mágica, esto podría significar un ritual público o privado, un espléndido banquete o una noche de contar historias alrededor del fuego, con tazas de ponche caliente en la mano. Sea cual sea nuestra forma de celebrar el Yule, lo hacemos con el entendimiento de que somos parte de un todo más grande.

El gran debate del árbol

Aquellos que adoran traer un árbol talado para las festividades rememoran las antiguas tradiciones de muerte y sacrificio del Yule. De hecho, talar y decorar un árbol o una rama es una tradición que se remonta a hace miles de años. Otros creen que, con tradición o sin ella, está mal talar un árbol vivo simplemente con el objetivo de crear una decoración estacional o un mero adorno. Quienes así piensan puede utilizar un árbol artificial o ninguno en absoluto. Algunas personas eligen un bonito punto intermedio y llevan a sus casas de forma temporal un árbol vivo dentro de una maceta, solo durante el periodo de las celebraciones, y después lo devuelven al exterior.

Sea cual sea el razonamiento, los árboles artificiales están en auge hoy en día y cada vez tienen más popularidad. Y es que estos árboles ficticios son cada vez más atractivos y tienen un aspecto más «real» y, después de comprarlos, se pueden volver a utilizar un año tras otro. La mayoría de los árboles artificiales se fabrican en China, mientras que los árboles naturales se cultivan principalmente en la zona oeste de los Estados Unidos.

Algo interesante es que, aunque la mayoría de los árboles artificiales en su momento se hacían de aluminio, hoy en día se fabrican principalmente con plásticos y resinas. El proceso de elaboración de estos árboles supone una elevada proporción de elementos tóxicos en comparación con el resultado final, y también implica el uso de plomo, en especial cuando se instalan de forma permanente luces de fibra óptica en los árboles. En estos casos, la letra pequeña a menudo advierte a los usuarios para que solo toquen el árbol si tienen guantes puestos.

Las personas a las que nos gustan los árboles nos enfrentamos a varias decisiones: ¿deberíamos tener uno o no? Si tenemos uno, ¿debería ser un árbol vivo, un árbol sacrificado o un árbol falso? Es una decisión que debe tomarse de forma individual, pero se pueden tener en cuenta estos datos de la página web de la Asociación de Árboles de Navidad de Estados Unidos:

- Cada acre de árboles de una explotación de árboles de Navidad proporciona suficiente oxígeno para dieciocho personas.

- Por cada árbol de Navidad que se cosecha, se plantan otros tres retoños.

- En un año, un árbol de hoja perenne maduro y de tamaño medio produce suficiente oxígeno para una familia de cuatro personas, y absorbe el dióxido de carbono expulsado al aire de cuatro coches.

- Plantar árboles es la forma más barata y efectiva de eliminar de la atmósfera el exceso de dióxido de carbono.

- Los árboles que no se venden se utilizan para crear mantillo, serrín y abono.

Decorar tu árbol debería ser pura diversión; puedes convertirlo en un «evento» oficial sirviendo refrescos o incluso una comida de decoración del árbol. Según la tradición, hay que quitar el árbol de Navidad y las decoraciones durante la Duodécima Noche, el día 5 de enero, pues quitar el árbol antes es no honrar de forma adecuada al solsticio por sus regalos. Sin embargo, tal vez necesitas quitar el árbol antes si se vuelve peligrosamente seco. ¡Es más importante no dejar que se incendie tu casa que seguir una tradición antigua!

Cuando vayas a quitar tu árbol, hazlo a modo de ceremonia de agradecimiento. Envuelve el árbol si es reutilizable, o deséchalo si es natural, pero siempre con reverencia y respeto. Algunas personas colocan el árbol en su jardín durante un tiempo, y lo decoran con ofrendas para los pájaros y otras criaturas. Otros llevan sus árboles a reciclar o los cortan en pedazos para que se sequen y poder hacer una hoguera ritual en un momento posterior del año.

Asegúrate de cortar una buena porción del tronco para usarlo como tronco de Yule del año que viene.

Las energías que prevalecen durante el Yule

Mucha gente de hoy en día (incluidos los paganos) expresan su desagrado por el frío del invierno, la oscuridad, la lluvia, la nieve y las noches largas, y desean en voz alta y fervientemente que regrese el verano. Desde luego, el invierno supone varios desafíos, pero también nos otorga unos regalos únicos; regalos que son oro puro para los paganos y otra gente mágica, y se trata de ofrendas que pueden enseñarnos mucho. Aquellos a los que, por lo general, no les gusta mucho el invierno pueden verse muy recompensados si simplemente adoptan una perspectiva nueva y constructiva y se zambullen en una experiencia consciente de la temporada invernal. Esto puede ser una parte importante de los objetivos personales de una persona con respecto a sus prácticas mágicas.

Uno de los mayores regalos que nos ofrece el invierno es el de la tranquilidad: una sensación de silencio, calma, retraimiento en uno mismo e introspección. Es una oportunidad de salir del barullo y el alboroto de la vida cotidiana y bajar un poco el ritmo. Es una época para leer, para pensar, para echar alguna siesta, para meditar, para escondernos en nuestra cueva metafórica y pasar el rato hasta que termine el invierno. Hacer esto requiere intención y resolución; hace falta un esfuerzo para decirse a uno mismo: «El invierno no es lo mismo que el verano, así que no puedo tratarlo de la misma forma». Significa que los días, las comidas y los patrones del sueño de una persona deberían ser diferentes, porque el invierno es diferente. Solo podemos experimentar esta profunda tranquilidad si nos permitimos entrar en sintonía con los nuevos ritmos.

Otro regalo del invierno es el de la renovación: un nuevo comienzo. Esta etapa es una especie de sueño metafórico, o incluso, en algunas tradiciones, una especie de muerte simbólica. Pero, al igual que ocurre con cada giro de la Rueda, después del sueño viene el despertar, y después de la muerte viene la vida renovada. Durante el invierno, evaluamos nuestra situación, pensamos de forma consciente en lo que queremos terminar o dejar atrás (lo que debe «morir», por decirlo así) y, de forma inversa, también pensamos lo que queremos que continúe el camino o si necesitamos comenzar de nuevo.

De forma similar, el invierno nos da tiempo: un tiempo tranquilo y sin prisas para ser conscientes de los meses que han pasado y evaluar todo lo que ha ocurrido. ¿Qué ha funcionado? ¿Qué no lo ha hecho? ¿Qué objetivos hemos cumplido y cuáles no? Y, más importante todavía, ¿qué es lo que queremos hacer durante el próximo año? Cuando la evaluación esté completa, podemos comenzar con la búsqueda de objetivos. Utilizando un ordenador, un cuaderno, un tablón con notas y chinchetas o cualquier otro sistema que te funcione mejor, traza un camino para el año que está por llegar, proponiéndote objetivos durante una semana, un mes, seis meses, etc. Planea el renacimiento y la renovación que están por venir.

El invierno nos desafía a aprender a adaptarnos. Siempre habrá tiempos en los que una persona deba lidiar con una situación desconocida, difícil o incluso peligrosa, ya sea en la vida mágica o en la mundana. En esos casos, el invierno nos enseña a ser fuertes, persistentes, inteligentes y precavidos, combinando una clara comprensión de nuestros recursos con la capacidad de permanecer alerta por si surgieran oportunidades de repente. Nos anima a modificar nuestras rutinas habituales para amoldarlas a las necesidades especiales de esta bella estación, así como a encontrar formas de seguir adelante a través de una temporada que a menudo supone un reto. El invierno es una época diferente, y es sensato pensar que exige un estilo de vida diferente. Tal vez quieras preguntarte esto: ¿qué partes de mi rutina necesito cambiar o adaptar para tener un invierno más agradable, sano y productivo, uno lleno de crecimiento personal?

Y, por supuesto, el mayor regalo del invierno es el de la celebración: las reuniones felices con la familia, los amigos y la comunidad entrañan una magia que no nos podemos perder.

Dilema: el calendario versus la conveniencia

Para la mayoría de nosotros, nuestras vidas están más o menos gobernadas por el calendario moderno y, tarde o temprano, debemos enfrentarnos al dilema del «calendario versus la conveniencia». Por ejemplo, imaginemos que tu aquelarre o tu congregación quiere realizar un ritual significativo durante el Solsticio de Invierno, y esperas que todos vuestros miembros participen. Pero ¡qué lástima! Resulta que el solsticio cae en jueves este año, y muchos de los miembros están atados con el trabajo, sus familias u otras obligaciones el jueves por la noche. ¿Es aceptable mover el ritual al siguiente sábado por la noche?

No hay una respuesta clara a esta pregunta (lo siento si esperabas que la hubiera). Algunos puristas insisten en celebrar los eventos en el «día correcto», y en algunos casos (como cuando se realiza un ritual profundamente religioso, se hacen ofrendas a una deidad en concreto, el ritual se concentra en un alineamiento astronómico poco común, o algo similar) es necesario adherirse a una fecha y un tiempo específicos. Por otro lado, es posible que un evento tenga mejor asistencia si se mueve ligeramente para conciliar los calendarios de la gente. Por lo tanto, muchos círculos, agrupaciones, aquelarres y otros grupos mueven las celebraciones e incluso los rituales a fechas en las que la mayoría de sus miembros estén disponibles, y esto puede suponer un gran éxito de afluencia. Se trata de una decisión que tu grupo y tú debéis tomar juntos, teniendo en cuenta los intereses colectivos junto a las necesidades mágicas. Para obtener mejores resultados en cuanto a poder de convocatoria se refiere, realizad los planes con antelación y publicitadlos bien.

Otro dilema: la fusión de tradiciones

La mayoría de personas que siguen alguna clase de tradición pagana se encuentran con que la Rueda del Año les funciona bien a modo de guía fiable de cada temporada y como recurso de organización de la práctica de sus tradiciones, gracias a las conexiones de esta herramienta con la naturaleza y la tierra viva. Sin embargo, y particularmente en estos tiempos modernos, la gente a menudo acaba mezclando las celebraciones para poder cumplir sus necesidades individuales consigo mismos, con su familia y con sus amigos. Por ejemplo, muchos paganos que celebran el Yule también celebran otras festividades de diciembre, como la Navidad, la Janucá o el Diwali.

Por ejemplo, este es mi caso: mi familia, en la que algunos no son paganos, siempre ha celebrado la Navidad, aunque lo hacemos de una forma que se centra en los símbolos culturales y seculares y en las tradiciones antiguas más que en la religión. Como resultado, nuestras celebraciones «navideñas» acaban pareciendo bastante paganas, y en mi casa, la Navidad y el Yule parecen fundirse a la perfección en una temporada festiva invernal larga y preciosa. ¿Cuál es tu caso? Plantéate qué es lo más significativo para ti en términos de familia, religión o espiritualidad, y cultura; y después piensa en cómo ves y quieres celebrar la idea del invierno, de modo que puedas utilizar estas ideas para diseñar la celebración perfecta.

Por ejemplo, si encuentras belleza en ciertos aspectos de la Navidad, captura esas ideas y fúndelas con tus actividades invernales. Parece claro que el Solsticio de Invierno, en todas sus formas, se ha celebrado desde hace mucho tiempo más como una «temporada festiva» que como un único día. Los practicantes modernos de wicca, brujería, druidismo, paganismo y otras tradiciones similares emplean el Yule, el Yuletide y el festival de mitad del invierno como términos descriptivos para los festivales religiosos paganos que tienen lugar en el momento del Solsticio de Invierno o alrededor de él. De esta forma, rememoramos siglos (o tal vez milenios) de tradiciones que han existido antes. Después de todo, el sentido de esta temporada es que nos traiga felicidad y nos acerque más a nuestros seres queridos, y tal vez a nuestros dioses. El cómo lleguemos a ese punto ya es algo que depende de nosotros.

Hay una cosa más que me gustaría comentar antes de seguir adelante. Es posible que algunos de los que vayáis a leer esto todavía estéis «en el armario de las escobas» y no os sintáis cómodos revelando vuestras tradiciones paganas a vuestra familia o a vuestros amigos, lo que puede suponeros algún desafío. Pero en el caso del Yule estáis de suerte, ya que el simbolismo relacionado con el invierno es tan consistente a través de la mayoría de culturas y tradiciones que es posible montar un altar o un santuario, decorar un árbol del solsticio, realizar un ritual o un acto mágico y cantar villancicos orientados a los paganos «delante de todos» sin que nadie se dé cuenta. Algunos creerán ver Navidad en eso, pero, en cuanto a ti, sabrás que se trata del Yule. Como se suele decir, así todos ganáis.

Algunas reflexiones finales

Volvamos a algunas de las preguntas con las que abrimos este capítulo...

¿Qué significa ser un pagano que celebra el invierno hoy en día? Significa honrar el poder y los regalos que nos otorga esta temporada, que son únicos y diferentes a los que tienen lugar durante otros momentos del año. Significa plantearnos las lecciones que puede enseñarnos el invierno, y abrazarlas en vez de tratar de escapar de ellas o rechazarlas. Significa mirar más allá para ver la verdadera belleza de la temporada.

Solo unos pocos de nosotros continuamos viviendo como granjeros... entonces, ¿por qué continuamos siguiendo un calendario agrícola como es la Rueda del Año? Lo hacemos porque estas tradiciones nos atan al pasado y a nuestros ancestros que seguían los mismos ritmos. Esto evoca nostalgia y proporciona trascendencia y riqueza a nuestras vidas. Como personas mágicas, la Rueda estacional nos concede una especie de timón, y nos ayuda a mantener un rumbo firme a través de las estaciones cambiantes del año, además de mostrarnos cómo las estaciones trabajan y fluyen juntas para hacer que el mundo siga girando.

¿Cuáles son los símbolos del invierno, y cómo sintonizan con esta temporada los paganos modernos y otras personas? Experimentamos la belleza de esta temporada mediante conexiones con el pasado, el presente y el futuro con luces, color, vegetación, regalos, banquetes y más.

¿Cómo celebra la humanidad el invierno? ¿Y dónde están las conexiones entre nuestro pasado antiguo y nuestras prácticas modernas? Entendiendo los rituales y las tradiciones del Yule y sus aplicaciones mágicas, integramos lo antiguo y lo nuevo a nuestras prácticas, creando así un enfoque personalizado sobre la festividad que honra a la tradición al mismo tiempo que abraza la modernidad.

¿Y qué quieren decir los paganos modernos cuando hablan del Yule? El significado es este: ¡magia!

HECHIZOS Y ADIVINACIÓN

passion, wisdom, insight, search for meaning, sacrifice, etc

and looking inward, evaluation, reflection, meditation, hiber

nd scrying, study, journaling, tool crafting, feasting, comm

k, deep ritual, vigil personal retreat, Amaterasu, Baba

Bruno, Cailleach, Carlin, Carravogue, Ceres, Demeter, D

Koliada, Lachesis, Marzana, Rind Skadi, Snegu

chus, Hodhr, Lugh, Saturn, Dilis Varsvlasi, Cert, E

Knight, Green Man, Holly King, Karkantzaros, Kne

tzelfrau, Pelznichol, Perchta, Samichlaus, Stallo, Tom

Egregores, green: evergreen, abundance, life, new beginnings

th, gifts, prosperity, solar energy, red: holly berries and

fire, white: silence, calm peace, protecting, cardamom: de

u, psychic powers, cinnamon: access to astral and spiritu

n strength, cloves: attraction, authority, healing power, p

ntuition, renewal, transformation, vitality, mistletoe: peace,

rotection, nutmeg, alertness, awareness, inspiration, intelli

alm, divination, intuition, psychic powers, relaxation, rosem

hing, divination, healing, mental clarity, physical and p

ength, sage: calm concentration, confidence, health and h

Para aquellos que seguimos las tradiciones paganas, la magia es una parte importante tanto de la práctica como de la vida diaria, y la temporada del invierno ocupa un papel destacado en nuestro ciclo anual de prácticas. Esta magia está inspirada por los cambios que muchos de nosotros vemos en invierno. Cualquiera que haya crecido en un clima nevado conoce la sensación de despertarse una mañana y ver que el mundo de pronto es diferente, como si la naturaleza hubiera agitado una enorme varita mágica por encima del paisaje y todo hubiera cambiado. Cualquier perturbación y cualquier disfunción desaparecen bajo un manto de un blanco puro. La tranquila belleza del invierno resulta muy inspiradora para la magia, y en este capítulo exploraremos algunas formas creativas de vivir un invierno mágico.

Momento mágico

El momento siempre es una parte clave de cualquier acto de magia, y vale la pena tener en cuenta el día, el mes, la fase de la luna, el ciclo astrológico y cualquier otra cosa que pueda resultarte significativa.

Durante las horas de la mañana, el sol se hace cargo del mundo, y experimentamos una energía que crece y aumenta. Este es un momento excelente para concluir un ritual o una vigilia del

Yule, para realizar magia destinada al «crecimiento» o a la expansión, o para realizar trabajos creativos, como preparar regalos o decoraciones para la estación.

El mediodía es un momento de equilibrio. Durante el mediodía nos imaginamos que el sol se encuentra directamente sobre nuestras cabezas, pero, en realidad, en invierno el sol no llega a subir tan alto. Aun así, durante el mediodía, el poder del sol llega a su cúspide, e incluso a pesar de los días cortos del invierno, el mediodía nos trae un equilibrio implícito entre el día y la noche. Utiliza este momento para rituales o actos de magia que estén relacionados con las energías del sol, la renovación o la adivinación. También es un momento del día excelente para leer o hacer contemplación silenciosa.

Durante la tarde, la energía del sol comienza su declive y mengua mientras avanza hacia el atardecer. Durante los meses de verano, la luz directa e intensa del sol calienta la tierra y provoca tardes tórridas y noches cálidas; durante el invierno, con un sol más bajo y menos intenso, la tierra comienza a enfriarse casi de inmediato en cuanto el sol desciende hacia el horizonte. Aprovecha esto cuando estés realizando acciones de evaluación, introspección y planificación, o cuando estés escribiendo un diario. Las tardes de invierno son un momento maravilloso para dar paseos y, del mismo modo, son el momento perfecto para fijarnos en los augurios naturales, es decir, identificar e interpretar las señales y presagios que nos ofrece el medio.

La puesta de sol ocurre cuando el sol desaparece por debajo del horizonte. La oscuridad y el frío llegan con rapidez después de una puesta de sol invernal, y a ello le sigue un breve ocaso (también llamado «crepúsculo»). Las energías del sol se desvanecen con rapidez, dando paso a un cielo nocturno claro y fresco. Este tiempo «liminal» (que se encuentra entre el día y la noche) es profundamente mágico, lo que significa que es un buen momento para trabajar con amuletos y hechizos, o para realizar peticiones a las deidades. Aunque tendrás que trabajar con rapidez: durante el invierno, este tiempo intermedio se desvanece en cuestión de minutos.

Durante la oscuridad de la noche, la visión disminuye y uno tiene que confiar en sus otros sentidos. Las temperaturas caen con rapidez, especialmente en invierno. La noche es un momento ideal para trabajar con la oscuridad dinámica de esta estación y para enfrentarnos a nuestros miedos, desafíos y obstáculos. Los cielos claros hacen que la noche sea un muy buen momento para la adivinación y la meditación, así como para la magia celestial y la observación de los cielos.

La medianoche se ha conocido desde siempre como «la hora mágica», y este es un gran momento para realizar toda clase de magia, particularmente en referencia a la oscuridad y al peligro del invierno. Lo mismo ocurre con las altas horas de la madrugada, que son como una especie de «hora feliz» para los duendes, las hadas y las visitas de espíritus.

También hay que tener en cuenta la idea de la «víspera», que se refiere a la noche antes de un evento importante. Una víspera es un momento increíblemente poderoso a nivel mágico. No solo implica un equilibrio (entre lo que ha pasado y lo que está a punto de llegar), sino que también crea una tensión entre el pasado, el presente y el futuro. Una víspera es al mismo tiempo un momento de transición y de umbral, un momento potente para los trabajos mágicos o espirituales, especialmente si son de índole reflexiva o de adivinación. El poder inherente de este momento se muestra claramente en la cantidad de iglesias corrientes que realizan servicios de tarde o a medianoche durante la Nochebuena, que es la víspera de la Navidad.

Hechizos de invierno

Los buenos hechizos resultan seductores para los sentidos, pues rozan ligeramente la vista, el olfato, el tacto, el gusto y el oído.

Para empezar, el invierno nos ofrece todo un arsenal de colores mágicos con los que trabajar. El plateado y el dorado (o el amarillo) son reminiscentes de las riquezas de la temporada, así como de nuestros ancestros que brillan en el cielo y del resplandor del regreso del sol. El rojo es reminiscente de las bayas del invierno, mientras que el verde nos recuerda a las gloriosas plantas de hoja perenne y el azul a los claros y frescos días invernales. El blanco está por todas partes a nuestro alrededor, en forma de nieve y hielo, mientras que el negro evoca el cristalino cielo nocturno. Y, ¿qué hay del marrón? Tal vez podemos relacionarlo con la tierra que duerme bajo la nieve. En cuanto a mí... ¡me viene a la cabeza el chocolate! Aunque, por lo que a mí respecta, cualquier temporada es apropiada para el chocolate.

¿Y los olores? Piensa en el punzante olor del enebro, el aroma acre de un fuego que arde, la calidez de la canela y la nuez moscada, y la intensidad de la menta. La ciencia nos dice que el olfato es nuestro desbloqueador de recuerdos más potente, capaz de catapultarnos al instante a varias décadas en el pasado, al aroma del agua de lilo de nuestro profesor de piano o al ático polvoriento de nuestra casa de la infancia. Estos desbloqueadores de recuerdos, junto a sus correspondencias mágicas, hacen que el olfato sea un complemento poderoso de la magia invernal.

El sonido, por supuesto, nos sugiere música, cánticos y los sonidos de tambores y campanas. Pero imagina también el sonido crepitante del fuego del invierno, o el sonido apenas distinguible de una nevada. ¿Y las texturas? Piensa en el hielo frío y húmedo; el sonido crujiente del papel de regalo arrugado, la textura cerosa de los arbustos de enebro, o la suave oleosidad de una vela.

Los colores, olores, sonidos y texturas del invierno son una parte imprescindible de los hechizos de esta época del año, así como los amuletos, talismanes y otra clase de magia. Vamos a empezar teniendo en cuenta un par de definiciones.

Los actos mágicos pueden ser simples o casuales (como cuando rogamos para que ocurra algo), o pueden consistir en hechizos detallados y cuidadosamente elaborados que requieren esfuerzo y esmero para ponerlos en marcha. Cualquier cosa que se haga con la intención de trabajar con la energía o con las probabilidades, o para invocar la ayuda de un elemento o una deidad es una clase de magia.

Cuando te prepares para comenzar a realizar cualquier acto de magia, comienza con lo siguiente:

1. Pregúntate qué es lo que deseas lograr y por qué.

2. Asegúrate de a quién deseas afectar con la magia, y durante cuánto tiempo.

3. Ten seguridad en ti mismo. Los actos de magia funcionan mejor cuando una persona tiene buena salud, está bien descansada y tiene el tiempo suficiente como para trabajar sin tener que darse prisa.

4. Sé consciente de tus capacidades: no trates de hacer algo para lo que no estás preparado.

5. Al igual que una persona prepara los ingredientes cuando va a cocinar, tu magia también debería comenzar reuniendo los materiales y asegurándote de que está todo listo antes de empezar.

6. Prepárate siempre de forma mental y física antes de hacer tu magia. Para prepararte mentalmente, puedes sentarte en el suelo, centrarte y hacer una oración o una petición. Para prepararte físicamente, puedes bañarte (o, al menos, lavarte las manos y la cara), y tal vez ponerte ropa o joyas especiales que te ayuden a entrar en un «espacio mágico».

7. Trabaja donde no vayan a interrumpirte. Apaga los aparatos electrónicos (o, mejor todavía, sácalos de la habitación) para que no puedan distraerte y también para que los campos electromagnéticos no interfieran con tu labor.

8. Trabaja de forma lenta y cuidadosa, teniendo en mente tu intención durante todo el proceso y concentrándote. La concentración es muy importante para lograr una magia efectiva.

9. Cuando hayas terminado, puedes deshacerte del material sobrante utilizando una forma de «eliminación sencilla» (por ejemplo, enterrándolo, quemándolo o liberándolo en el agua, siempre teniendo en cuenta los principios ecológicos), o almacenarlo para un uso posterior.

Estamos a punto de zambullirnos en ideas específicas para hacer hechizos y adivinación; tómate la libertad de modificar cualquier cosa de acuerdo con tus propias necesidades e intenciones. Después de todo, así es como funciona la buena magia: personalizándola. Puedes utilizar la sección de correspondencias al final de este libro para obtener ideas. ¡Vamos a empezar!

Hechizos de protección

Las festividades invernales por lo general vienen acompañadas de mucha magia, mucha emoción y mucha compañía, tanto esperada como inesperada. Con todas las energías que se mueven dentro, fuera y alrededor de tu casa, es un momento estupendo para preparar el lugar con una limpieza rápida del hogar. Puedes purificar las entradas y los rincones utilizando incienso de salvia, hierba dulce, enebro o cedro, o también rociar las estancias con agua salada, moviéndote en el sentido contrario de las agujas del reloj, de una habitación a la siguiente. Mientras trabajas, repite esto:

Que los vientos te inspiren,
que la tierra te proteja,
que el agua te sane, y
que el fuego siempre caliente tu hogar

Mientras te mueves a través del espacio, da palmadas para dispersar la energía antigua y estancada, y después utiliza una campana o un cascabel para dar la bienvenida a la energía fresca y sagrada. Si tienes uno o más cascabeles, será fabuloso; son perfectos para esta limpieza invernal. Abre las ventanas para dejar que entre el aire fresco, aunque sea solo durante unos pocos minutos: esto no solo es genial para la limpieza y la aclaración, sino que también es saludable.

Cuando hayas terminado con la limpieza, lleva elementos protectores a las habitaciones o cuelga talismanes sobre las puertas y las ventanas.

- El elemento de la tierra nos une al suelo y nos proporciona una especie de «ancla» metafísica. Coloca cristales o cuencos pequeños de sal marina por la cocina y evoca hielo cristalino y nieve. Los árboles pequeños de cerámica y de madera también representan muy bien el elemento de la tierra, al igual que las figuritas pequeñas de animales; en particular el oso, que escarba un túnel en la tierra durante el invierno y después emerge cuando regresa la luz.

- El elemento del aire es vigorizante y mejora nuestro estado de alerta y nuestra claridad mental. Quema incienso o haz hervir a fuego lento una tetera de agua y especias sobre el fogón de la cocina. Esparce aceites esenciales. Cuelga lucecitas pequeñas de color blanco por todas partes, o recorta copos de nieve de papel, cuélgalos del techo y déjalos girar.

- El elemento del fuego recuerda a la chispa de la vida en la fase más cruda del invierno. Para atraer el fuego, enciende velas o, si dispones de una chimenea, úsala. Coloca farolillos fuera (tienes una descripción en el capítulo de *Recetas y artesanía*), para iluminar el camino hasta tu puerta. Cuelga luces dentro y fuera, ¡cuantas más, mejor! Toma sorbitos de una taza de té caliente, chocolate o sidra para alimentar tu fuego interno durante las largas noches.

- El elemento del agua calma, tranquiliza y sana. Utiliza espejos para representar los estanques congelados y el hielo del invierno, o coloca un cuenco pequeño o un caldero de agua. Utiliza piedras de río pulidas para decorar tus altares o tus mesas.

Variación: utiliza las ideas que tienes arriba para limpiar y preparar tu hogar durante el día de Año Nuevo, para preparar un nuevo escenario para el año que te espera.

Lorica de protección para el Yule

Esta es una versión «paganizada» de la tradicional Lorica de San Patricio. Una lorica es lo que se conoce como una coraza; una especie de armadura verbal y una petición de protección tradicional. Repite estas palabras al levantarte la mañana del solsticio de invierno o al ver el amanecer del día del solsticio. También puedes utilizar esto como un mantra matutino diario a lo largo del invierno:

Hoy me levanto
con la fuerza de los cielos;
la luz del sol,
el esplendor del fuego,
la claridad del hielo,
la velocidad del viento,
la profundidad de la nieve,
la estabilidad de la tierra,
la firmeza de la roca.
¡La luz ha regresado!

Para convertir esta lorica en una coraza de verdad: escribe las palabras en un trozo de papel pequeño utilizando tinta negra (para lograr permanencia y anclaje a la tierra). Añade unas cuantas agujas de romero, dobla el papel hasta formar un paquetito y átalo con un lazo rojo (para lograr vitalidad). Coloca el paquetito junto a tu cama o en tu altar, donde puedas verlo todos los días. También lo puedes meter en tu bolso, tu maletín o en un bolsillo para mantener su protección junto a ti. Para darle un toque más de potencia, puedes meterlo dentro de una bolsita mágica.

Bolsitas mágicas para múltiples propósitos

Corta dos trozos idénticos de tela de color rojo, verde, dorado o con un patrón invernal. Junta los lados correctos, y después cose tres de los lados y vuelve la bolsita resultante del revés. Corta el borde irregular con unas tijeras dentadas y átalo con un lazo o un cordel pequeño. Estas bolsitas pueden utilizarse para almacenar objetos de hechizos o amuletos, para mantener seguro un talismán o un objeto mágico pequeño, para guardar regalos, almohadas de ensueño y para muchos otros fines.

Almohada de ensueño para el Yule

Sigue las instrucciones de las bolsitas mágicas que tienes arriba, pero, después de coser los tres lados y poner la bolsita del revés, llénala con una mezcla de hierbas secas que contenga lo siguiente:

- Para dormir: lavanda y cedro.

- Para sueños inspiradores: artemisa, romero y clavo.

- Para la inspiración psíquica y viajes astrales: canela y cardamomo.

- Para asegurarte de que venga Papá Noel, puedes probar con una temática de galletas: canela, vainilla y un puñadito de virutas de colores.

Después de rellenar la bolsita, cose el cuarto lado para cerrarla. Mete la almohada de ensueño dentro de la funda de tu almohada para disfrutar de unos sueños dulces.

Muñeco mágico para mantener a salvo tus regalos

Un muñeco mágico es una pequeña figura o efigie llena de objetos específicos para conseguir un propósito mágico. Se trata de un elemento potente de magia popular o magia menor, y son maravillosos como talismanes protectores. Puedes utilizar un molde de galletas con forma de hombrecito para cortar dos formas idénticas en fieltro dorado o alguna otra tela. Decora las formas como desees: puedes añadir una estrella dorada al estilo *sherrif*, o los cinturones cruzados y las fajas del uniforme de un soldado para añadir autenticidad a tu pequeño guardián. Cose las dos figuras, dejando una abertura en la parte de arriba. Rellena la figura de salvia y canela, trozos de papel de regalo o de lazo, unas campanitas pequeñas (para ayudar a dar la alarma) y unos pedazos de obsidiana (para anclarlo a la tierra). Después, cose la parte de arriba para cerrarlo.

Bendice el muñeco para su propósito sosteniéndolo delante de tu árbol del Yule o de tus regalos mientras repites lo siguiente:

Tú protegerás ahora este sagrado lugar,
que nuestros regalos estén a salvo del mal

Cuelga el muñeco guardián de tu árbol o métemelo entre los regalos para mantenerlos a salvo del daño o de los ojos fisgones.

Lo ideal sería colocar al muñeco lejos del alcance de los demás: así parecerá una adorable decoración para el Yule, pero es mejor que nadie toque o juegue con el muñeco, ya que esto podría afectar a su función.

Muñeco mágico

También puedes crear muñecos de formas y estilos diferentes para que cumplan funciones distintas. Por ejemplo, puedes llenar una figura en forma de corazón con pétalos de rosa y azafrán y colgarlo de una rama de muérdago para potenciar el amor, el afecto y la buena voluntad. Puedes llenar una figura en forma de árbol con agujas de plantas de hoja perenne y bayas de enebro para llevar dentro de una habitación los poderes protectores de las plantas perennes (¡y también olerán bien!). Cuélgalo de la puerta de entrada de tu casa para proteger a las personas que entren o salgan de tu hogar.

Talismán del tronco de Yule

El día después de quemar el tronco de Yule, reúne las cenizas frías. Cóselas dentro de una bolsita mágica pequeña o un muñeco mágico para crear un talismán contra el daño de los rayos y los incendios. Mantén el talismán sobre tu altar, o utiliza una chincheta para clavarlo sobre la puerta de entrada. En el próximo Yule, añade el talismán al fuego del tronco de Yule de ese año, y expresa en voz alta tu gratitud por el bienestar del año pasado.

Hechizos para atraer la nieve

Las leyendas invernales modernas hablan de hechizos y rituales que garantizan una nevada, entre los que se encuentran:

-   Llevar el pijama del revés, lavarse los dientes con la mano contraria, tirar al retrete al menos seis cubitos de hielo y tirar de la cadena, y dormir con una cuchara de plata debajo de la almohada. El pijama del revés supuestamente confunde a los «dioses de la nieve» (y es mejor todavía si el pijama tiene pies), tirar cubitos de hielo por el retrete se supone que ayuda a crear un «frente frío», y la tradición de la cuchara de plata tiene un origen desconocido, pero se remonta a hace cientos de años.

- Tirar cubitos de hielo a un árbol.
- Apilar monedas en el alféizar de tu ventana. Se supone que cada centímetro de monedas apiladas equivale a un centímetro de nieve.
- Meter una cera de color blanco en el congelador.
- Correr alrededor de la mesa cinco veces.

Suena divertido, ¿verdad? Y tal vez funcione: los niños en edad escolar de Estados Unidos (¡y sus profesores!) llevan años jurando que estas técnicas surten efecto.

Petición de protección durante las largas noches del invierno

Mientras te preparas para irte a la cama, apaga todas las luces de tu casa salvo la de la habitación donde vayas a dormir. Enciende una vela si lo deseas y repite lo siguiente:

Mientras nos acercamos a la noche más larga del año,
te pido (inserta aquí una deidad o un elemento)
que estés conmigo / y con mis seres queridos
y nos protejas a lo largo de las horas.
Que seamos bendecidos en comunidad,
generosos en los banquetes
y prósperos en los regalos de la tierra,
mientras damos la bienvenida al regreso de la luz.

Cuando termines, sopla la vela o apaga la luz restante. Una variación es convertir esto en el ritual de «buenas noches» de tu familia, haciéndolo juntos en una ubicación central, como en el comedor o cerca de la chimenea, y después yendo en silencio a las habitaciones.

Talismán de protección durante el viaje

Llena una bolsita mágica con trozos pequeños de turquesa, tanzanita y/o circonita (son piedras natales de diciembre con correspondencias de poder, protección y calma). Añade unas cuantas agujas de una planta de hoja perenne y, si es posible, unas cuantas bayas secas de espino blanco o enebro. Por último, pero no por ello menos importante, añade un poco de tierra o unas piedras del umbral que haya fuera frente a la puerta de entrada de tu casa; es un pequeño acto de magia menor que te mantiene en conexión con el suelo de tu hogar. Cierra la bolsita y átala con un cordel fuerte. Métela en la guantera del coche para tener viajes seguros durante las vacaciones de invierno, o llévala encima durante los viajes.

Talismán para fortalecer las conexiones familiares

Elige unas cuantas postales de felicitación o tarjetas de regalo que hayas recibido de amigos y familiares. Rompe o corta las tarjetas hasta dejarlas hechas trozos pequeños; aromatízalas con una gota de aceite de enebro, cedro o canela, y utiliza los trozos para llenar una bolsita de tela pequeña o un muñeco mágico. Si es posible, añade una pequeña fotografía del ser o los seres queridos que quieras a la bolsita. Ciérrala y métela dentro de tu bolso o tu maletín; llévala contigo para mantener a tus seres queridos cerca de tu corazón, en especial si se encuentran lejos de casa.

Té de hierbas mágico

Prepara una o más de las siguientes mezclas mágicas:
- *Té para ver con claridad:* partes iguales de canela y ralladura de naranja seca para lograr claridad mental y poderes psíquicos.

- *Té de magia mental:* dos partes de canela y una parte de cardamomo para lograr intuición y poderes psíquicos.

- *Té relajante para el invierno:* dos partes de hierbabuena y una parte de manzanilla para lograr descanso y relajación.

- *Té para asentar el estómago:* partes iguales de menta y tomillo para tranquilizar el estómago molesto.

Para hacer la infusión, mete una cucharada colmada de la mezcla en un infusor dentro de una taza de desayuno o una taza de té que esté caliente, o simplemente añade la cucharada de hierbas directamente a la taza. Llénala de agua que esté muy caliente, pero no hirviendo del todo; deja que se quede en infusión de tres a cinco minutos. Después, saca el infusor (o cuela la mezcla) y disfruta del té; también puedes añadir una cucharadita de miel si es necesario para que esté más dulce. Utiliza estos tés como parte de cualquier acto mágico (antes, durante o después), o simplemente para tener un momento delicioso durante tu día de invierno.

Variación: añade una cucharada de hierbas a una taza de té (en lugar de a una taza de desayuno) y, cuando el té haya infusionado, bébetelo sin colarlo. Deja alrededor de una cucharadita de agua dentro de la taza, remuévela unas cuantas veces, y después lee los posos del té. Más adelante tienes una explicación rápida de la taseomancia.

Amuleto de generosidad

Guarda tu trozo de lazo favorito de uno de los regalos que más te hayan gustado; si eso no es posible, elige un trozo de lazo que sea especialmente bonito. Envuélvelo alrededor de tus dos manos y pronuncia estas palabras en voz alta:

Por mucho que la estación
se pueda alargar
mis manos siempre trabajan
con generosidad

Deja el lazo sobre tu altar durante las fiestas, y asegúrate de detenerte frente a él todos los días para reflexionar sobre el espíritu de generosidad dentro de tu corazón y tu hogar.

Variación: si el lazo es lo bastante largo, bendícelo según los pasos de arriba y utiliza un trozo para envolver un regalo especial para un ser querido.

Aguas mágicas de invierno

Las aguas cargadas o energizadas (aguas que han sido expuestas a elementos específicos, al clima, a alineaciones celestiales, etc.) pueden ser unos magníficos añadidos para toda clase de hechizos y rituales. A continuación, tienes algunas ideas para preparar tus propias aguas mágicas:

- Llena un tarro de cristal limpio y transparente de agua potable. Expón el agua al amanecer del solsticio de invierno, o bien a la salida de la luna de ese día o a cualquier otra ocasión invernal que sea importante para ti; deja el tarro fuera durante varias horas.

- Las aguas cargadas durante un eclipse son especialmente poderosas.

- Si es posible en el lugar donde vives, recoge agua del rocío el día del solsticio o durante el invierno.

- Si da la casualidad de que llueva o nieve durante el solsticio de invierno, recoge el agua de la lluvia o de la nieve para usarla más tarde.

- Recoge lluvia o nieve que caiga durante una fuerte tormenta invernal.

- Rompe carámbanos, deja que se fundan a temperatura ambiental y guarda el agua.

- Puedes utilizar esta agua a lo largo del año siguiente para una gran cantidad de propósitos diferentes. Por ejemplo:

- Utiliza el agua para ungir herramientas, amuletos, muñecos mágicos u otros objetos mágicos.

- Utilízala para ungir velas u objetos del altar.

- Vierte unas gotitas del agua sobre plantas o árboles que necesiten un pequeño impulso mágico.

- Utilízala en un ritual, ya sea para hacer una ofrenda, para compartirla o para beberla.

- Utiliza tus aguas cargadas para preparar tés.

Variación: guarda recipientes de nieve o carámbanos enteros en el congelador; podrás utilizarlos cuando llegue la primavera en un ritual diseñado para despedirte del invierno.

Bendición para las madres

En el capítulo de las *Tradiciones antiguas* hemos explorado la idea de las madres sagradas del invierno, y puede que también queráis pensar en honrar a la feminidad divina al preparar vuestros altares o santuarios estacionales. Muchas culturas y tradiciones reconocen la fuerza vital femenina como la que hace renacer a la luz y a la vida para que vuelvan al mundo durante el Solsticio de Invierno.

Crea un santuario para tus madres invernales favoritas; sean humanas o no. Comienza con una base de tela acolchada de color blanco (puedes comprarla en tu tienda de telas favorita o en una de manualidades) y añade un anillo de trozos cortos de hilo blanco (para representar la nieve) y puñados de paja. Espolvorea purpurina y coloca velas en los bordes. En el centro, sitúa esculturas o efigies de tus diosas del invierno favoritas, o fotografías de figuras de diosas. Utiliza este altar como foco para la oscuridad y para el renacimiento inherentes a la estación, y pide a las madres que bendigan tu hogar en el año que está por llegar. Cuando haya pasado la temporada del Solsticio de Invierno, ata una parte del hilo y la paja en un fardo pequeño y consérvalo durante el resto del año sobre tu altar habitual. O también puedes reservar el hilo y la paja para usarlo con otras clases de magia; son un relleno fabuloso para las almohadas de sueño o los muñecos mágicos.

Hacer un «kit mágico» portátil para paganos

Una de las mejores cosas que tiene practicar con la magia es poder trabajar de forma espontánea, cuando surge la necesidad o la urgencia. Sin embargo, muchos paganos no se sienten cómodos llevando herramientas mágicas o suministros encima, o temen que sean visibles para la gente no creyente en la brujería. Puedes resolver algunos de estos problemas y tener acceso fácil a la hechicería con un «kit mágico» portátil para paganos.

Comienza con una de esas latas pequeñas que se utilizan como envases de caramelos. Una vez vacía, déjala tal cual está o decórala con pegatinas, pintura o tela pegada con pegamento. Después, adorna el interior de la misma forma. Dentro, guarda materiales generales que sean útiles para hacer magia. Puedes incluir velas pequeñas (por ejemplo, velas de cumpleaños que puedes sujetar con abalorios de plástico), unas cuantas cerillas que se enciendan en cualquier superficie, un paño de altar pequeño, un paquetito de sal, unas cuantas gemas o cristales (prueba con el cuarzo para propósitos generales; la turquesa para la protección y la sanación; y obsidiana para tener anclaje a tierra), un pequeño vial de aceites esenciales, un cono de incienso, un pequeño espejo con el que hacer adivinación, o cualquier otra cosa que sirva para lo que necesitas. Mete la lata en una bolsita pequeña, átala con un cordel, y déjala dentro de tu bolso, tu maletín o la guantera del coche. Lo tendrás todo listo para hacer magia siempre que sea necesario.

Adivinación y augurios

El invierno es una época poderosa y potente para practicar la adivinación (el uso de herramientas para ver el pasado, el presente y el futuro) y los augurios (la observación de señales y presagios que ocurren de forma natural). Ya estemos practicando adivinación o augurios, estos procesos unen la magia, la intención, la intuición y los mensajes de los mundos naturales y mágicos para ayudarnos a entender lo que está ocurriendo a nuestro alrededor, lo que ha ocurrido en nuestro pasado y lo que nos espera al seguir el camino. Utilizamos la adivinación para buscar un entendimiento más profundo del mundo que hay a nuestro alrededor y de nuestro lugar dentro de él. Las personas brujas tendemos a ser observadores entusiastas, con una conciencia potenciada de lo que nos rodea y unas antenas mágicas muy bien sintonizadas, y nos gusta buscar un sentido en los símbolos, los patrones y los significados ocultos que llenan nuestras vidas diarias. El ambiente tranquilo, las largas noches, la oscuridad, el silencio, la energía de renacimiento y la claridad del aire y de los cielos hacen que el invierno sea un momento maravilloso para la percepción y la inspiración.

¿Qué clase de adivinación funciona bien en invierno? ¡Todas las que hay! Cualquier forma de adivinación que te guste funcionará especialmente bien durante las noches largas, oscuras y cristalinas del invierno, y también es un momento maravilloso para probar algo nuevo. ¿Has sentido la necesidad de trabajar más con el tarot o de explorar una nueva distribución de las cartas o incluso de estrenar una baraja nueva? ¿Te gustaría probar a utilizar el *ogam*, un péndulo, una tabla Ouija, runas o un cristal de adivinación? ¡Anímate a hacerlo!

A continuación, tienes un par de ideas divertidas y específicas dedicadas al Solsticio de Invierno.

Distribución de tarot del árbol del solsticio

Baraja las cartas del tarot y córtalas utilizando tus procedimientos habituales. Para hacer la distribución del árbol del solsticio, coloca las cartas de abajo hacia arriba y de izquierda a derecha.

Distribución del árbol

- El tronco del árbol (la carta n.º 1) es la carta significante, es decir, te representa a ti o a la persona para la que estás leyendo.
- En el nivel inferior del árbol, la carta n.º 2 representa tus ideas, la carta n.º 3 representa tus inspiraciones, y la carta n.º 4 representa tus planes.
- En el nivel intermedio, la carta n.º 5 representa el proceso por el cual vas a conseguir que tus planes tengan

92

resultados, mientras que la carta n.º 6 muestra cualquier intervención u obstáculo que pueda afectar a tu progreso (ya sea beneficioso o todo lo contrario).

- La punta del árbol (la carta n.º 7) muestra el resultado final de tus planes, la «cosecha» de lo que hayas sembrado.

Distribución de tarot del Solsticio de Invierno

Coloca una carta significante y después coloca las siguientes tres cartas en un arco por encima de ella, trabajando de izquierda a derecha.

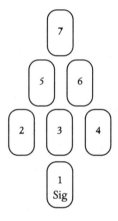

Distribución del Solsticio

- La carta n.º 1 eres tú, el significante. Imagínate a ti mismo en las profundidades de tu cueva invernal.

- La carta n.º 2 es la carta de la contemplación. Si el invierno es un momento de reflexión, evaluación y contemplación, ¿cómo te está afectando eso a ti? ¿En qué estás pensando?

- La carta n.º 3 es la carta de la celebración y la acción. Tras haber reflexionado sobre el pasado año, ¿cómo vas a seguir adelante? ¿Qué te espera a continuación?

- La carta n.º 4 es la carta de la luz, la realización y el éxito. Cuando el sol reaparezca y la luz regrese al mundo, ¿dónde te encontrará?

Variaciones: en cualquiera de estas distribuciones, también puedes sacar cartas de «más información» en cualquier momento. Si hay alguna carta de la que quieras saber algo más, saca una nueva carta y colócala junto a la original o encima de ella. Examina la segunda carta para ver lo que te dice acerca de la primera. Además, cualquiera de las distribuciones puede adaptarse para trabajar con runas.

Augurios de las huellas de animales

Dependiendo de donde vivas, es posible que algunos de los animales que son visibles durante las estaciones más cálidas no se dejen ver mucho durante el invierno. Por otro lado, si vives en un sitio donde haya nieve en invierno y se quede el suelo nevado, te resultará fácil distinguir huellas que pueden hacer que algunos animales sean más rastreables de lo que lo serían durante los meses más cálidos. Utiliza una guía de campo o recursos de internet para identificar al animal que está dejando las huellas, y pregúntate qué es lo que te está diciendo eso. ¿El animal se está cruzando en tu camino? ¿Está caminando en paralelo contigo? ¿Te está observando desde la distancia? Evalúa tus descubrimientos y haz un registro de ellos, añadiendo un dibujo o una fotografía de los presagios.

Charcos congelados y cristales con escarcha

Si vives en un clima nevado y helado, puedes utilizar las superficies heladas (o incluso pedazos de hielo) para hacer predicciones y adivinaciones. Para hacer adivinación, busca patrones, señales o símbolos en la superficie congelada y pregúntate lo que puedan significar. Para hacer predicciones, quédate en un sitio fijo y mira profundamente en la superficie congelada, utilizándola como si fuera una bola de cristal. Respira lentamente y de forma regular, y prepárate para permanecer así durante al menos quince minutos o tal vez más, esperando para ver qué imágenes o ideas aparecen ante ti. Registra tus resultados en un cuaderno.

Augurios de invierno

El invierno nos proporciona oportunidades únicas para esta práctica, que puede incluir la lectura de nubes, responder a los patrones que muestran las ramas caídas, observar la lluvia de estrellas de las Gemínidas que tiene lugar en diciembre, mirar los patrones en las bandadas de pájaros, e incluso ver formas o intuir significados en los bancos de nieve, por mencionar solo unos cuantos ejemplos. Trabajar bien con los augurios significa utilizar la imaginación, permanecer alerta y buscar tiempo para estar en el exterior. Sé consciente de lo que hay a tu alrededor: busca patrones o cualquier cosa que te resulte inusual, como una disposición de plumas sobre el suelo o una imagen muy evidente en las nubes sobre tu cabeza. También puedes adentrarte en la naturaleza, «preguntar» algo en específico y esperar después que una posible respuesta te sea revelada. En cuanto hayas encontrado algo que te resulte significativo, evalúa tus impresiones y plantéate lo que podría significar. Una vez más, te recomiendo llevar un registro de tus observaciones y asegurarte de volver atrás y revisar tus notas más tarde. A menudo, un augurio que hayas visto un día específico acabará teniendo un gran significado días o semanas más tarde.

Augurios del clima

Una subcategoría de los augurios es utilizar las señales del clima para intuir el futuro. Aquí tienes unos cuantos ejemplos:
- Si el hielo es capaz de soportar a un ganso antes del Yule, no soportará a un pato después. En otras palabras, si el

tiempo es frío y el hielo es grueso antes del Solsticio de Invierno, entonces el tiempo será más suave después.

- Si el primer trueno del invierno llega del este, el invierno terminará pronto

- Se dice que un Yule ventoso trae buena suerte.

- Se cree que un Yule verde trae mala suerte; por el contrario, si hay nieve o escarcha dura, se considera un buen presagio. «Tras una Navidad verde se llenan los cementerios» (Danaher, 240).

Unas cuantas adivinaciones tradicionales

- Cada persona recibirá un mes de suerte durante el año siguiente por cada postre festivo que pruebe (¿se aplicará esto también al ponche de huevo?).

- La persona que desee tener sueños proféticos tendrá que colocar nueve hojas de muérdago sobre un pañuelo, atarlo con nueve nudos, y dejarlo debajo de la almohada para dormir.

- Si se abren todas las puertas el día del Yule a medianoche, el mal y los espíritus malignos se marcharán.

- Las personas que nacen durante el Yule pueden ver a la gente pequeña.

- Se cree que cenar de forma copiosa durante la noche de fin de año garantiza que haya abundancia de comida y riqueza durante el año siguiente.

- Coloca hojas de acebo y hiedra debajo de la almohada durante la noche de fin de año para soñar con tu futuro esposo. Repite este sortilegio: «Hiedra verde y acebo rojo, dime al soñar con quién me he de casar».

- El árbol del Yule debe quitarse antes de que pase la Duodécima Noche, o de lo contrario, habrá mala suerte.

- Se debe quemar acebo marchito y plantas de hoja perenne para calentar la plancha de las tortitas del desayuno.

Es divertido hacer un registro de tus augurios y dichos populares favoritos escribiéndolos en tu cuaderno de invierno, y después ver cuántos de ellos se hacen realidad.

Taseomancia

La taseomancia es una adivinación que se realiza leyendo los posos del té. Para intentarlo, necesitarás té suelto o hierbas secas y una tacita con un interior de color blanco liso. Añade a la taza una cucharadita de hierbas de té secas y sueltas. Llena la taza de agua muy caliente (pero no hirviendo), tápala con un platillo y déjalo en infusión durante cinco minutos. Quita el platillo y disfruta del té, pero deja algo de líquido en el fondo de la tacita.

Ahora, detente y hazles una pregunta silenciosa a los posos de té. Cubre la tacita con la mano y hazla girar en el sentido de las agujas del reloj varias veces. Quita la mano y deja que se asienten los posos húmedos. Obsérvalos con atención. ¿Hay alguna forma, patrones o imágenes que sean claramente apreciables, como animales, árboles, etc.? ¿Los posos te producen alguna impresión o percepción? ¿Has recibido alguna respuesta a tu pregunta?

Adivinación de Año Nuevo y los Días de Augurios

La tradición galesa de los Días de Augurios dice que cada uno de los Doce Días de Navidad corresponde a uno de los meses del año siguiente. Por lo tanto, el 25 de diciembre corresponde con el enero siguiente, el 26 de diciembre con febrero, etc. Según la tradición, cualquier augurio, presagio, predicción o señal que se observe durante esa fecha específica predecirá lo que ocurrirá durante el mes correspondiente. Haz tu propia predicción de los Días de Augurios realizando tu adivinación favorita cada día entre el 25 de diciembre y el 5 de enero. Escribe tus resultados para que puedas tenerlos en cuenta a lo largo del año.

¡Fiesta de adivinación para el Año Nuevo!

Pide a tus amigos que te acompañen en Nochevieja y que traigan preparadas algunas sorpresas y sus métodos de adivinación favoritos. Pasad un par de horas compartiendo técnicas, y después otra hora o así haciendo y recibiendo lecturas. Justo antes de la medianoche, servid una bebida para cada persona, apagad todas las luces de la casa y reuníos alrededor de una única vela encendida. Todos juntos, repetid:

> *Nos reunimos ahora que el año va a terminar*
> *Unidos por el conocimiento y la amistad*
> *Ahora que el Año Nuevo va a comenzar*
> *Que nuestros ojos mágicos puedan observar*

Al llegar la medianoche, encended las luces y que cada uno haga su propia adivinación de Año Nuevo, permaneciendo en silencio hasta que todos hayan terminado. Después, ¡brindad juntos por el Año Nuevo y celebradlo!

La magia, los altares, la adivinación y la lectura de señales son formas maravillosas de pasar las horas de invierno, ¿no te parece? ¡Diviértete probando estas ideas e inventando las tuyas propias!

RECETAS
Y
ARTESANÍA

...possession, wisdom, insight, search for meaning, sacrifice, et...

...and looking inward, evaluation, reflection, meditation, hiber...

...nd scrying, study, journaling, tool crafting, feasting, comm...

...k, deep ritual, vigil personal retreat, Amaterasu, Baba...

...Bruno, Cailleach, Carlin, Carravogue, Ceres, Demeter, ...

...Koliada, Lachesis, Marzana, Rind, Skadi, Snegu...

...chus, Hodhr, Lugh, Saturn, Dilis Varsvlavi, Cert, ...

...Knight, Green Man, Holly King, Karhantzaros, Kra...

...itzelfrau, Pelznichol, Perchta, Samichlaus, Stallo, To...

...Egregores, green: evergreen, abundance, life, new beginning...

...lth, gifts, prosperity, solar energy, red: holly berries and ...

...fire, white: silence, calm peace, protecting, cardamom: a...

...m, psychic powers, cinnamon: access to astral and spirit...

...on strength, cloves: attraction, authority, healing power, ...

...intuition, renewal, transformation, vitality, mistletoe: peace, ...

...protection, nutmeg, alertness, awareness, inspiration, intell...

...alm, divination, intuition, psychic powers, relaxation, rosen...

...stmg, divination, healing, mental clarity, physical and p...

...trength, sage: calm concentration, confidence, health and h...

Tanto si estás celebrando el Yule, la Navidad, la Janucá o cualquier otra de las muchas festividades invernales, las recetas, la decoración y la artesanía son elementos importantes del evento para muchos de nosotros. Una parte de esto se remonta al simbolismo pagano del Solsticio de Invierno que ya tenía como protagonistas a las luces, las plantas de hoja perenne, las bayas, las guirnaldas de flores, etc. Y otra gran parte de esto está relacionado con nuestro deseo de prender la calidez y la luz en mitad del invierno. Aunque también existe una conexión con el deseo de pasar tiempo con nuestros amigos y familiares en un momento del año que está conectado culturalmente con las grandes celebraciones. Y, por supuesto, cocinar, hacer artesanía y decorar son formas baratas y satisfactorias de personalizar la temporada; y además es muy divertido. En este capítulo te ofrecemos ideas sencillas para cocinar y confeccionar tu propia temporada festiva.

Recetas de las que disfrutar en casa

El solsticio siempre ha sido un momento de festines alegres para celebrar el regreso de la luz y de la vida. Las personas de la antigüedad que se enfrentaban al día más corto y a la noche más larga del año sentían preocupación ante la posibilidad de que la luz del sol no regresara para nutrir la tierra y expulsar al frío. Era esta aprensión la que llevó al dicho popular inglés «Come, bebe y sé feliz, porque tal vez el mañana nunca llegue». Todavía sentimos una angustia similar estos días cuando, en las profundidades del invierno, nos da la sensación de que la primavera jamás regresará. Los banquetes celebran el regreso de la abundancia, y se centran en el ambiente festivo y en la unión de la familia. Aunque también pueden tener un objetivo exclusivamente mágico.

Muchas culturas tienen sus propias tradiciones específicas relacionadas con la comida. Por ejemplo, en Suecia se mezcla una almendra con el *julegrot* (el pudín de Navidad), y quien encuentre la almendra en su ración tendrá buena suerte a lo largo del año siguiente. Cuando los ingleses preparan su pudín de ciruela, es tradicional que cada miembro de la familia se turne para removerlo. Y, también en Inglaterra, la tradición de «llevar el jabalí» puede llevarse a cabo con un buen asado sin necesidad de contar con un lechón entero, pero el asado (y en especial si se trata de carne de calidad, de cordero, de pavo o de ganso) sigue siendo el elemento central de muchas mesas festivas.

Hay muchas formas de añadir magia a tu festín invernal. Sigue la tradición de que cada miembro de la familia eche una mano «removiendo el pudín» de forma metafórica, rememorando la forma en la que cada miembro de la comunidad ayudaba a garantizar la supervivencia de la tribu. Preparad una mesa con colores festivos y vuestros mejores platos, copas y cubiertos, y encended una gran cantidad de velas. Para crear un efecto realmente especial, podéis reuniros todos alrededor de la mesa en una habitación a oscuras o en penumbra. Recitad un poema o una bendición y encended las velas una por una, observando cómo los rostros de cada persona se van iluminando. Ofreced brindis a vuestros familiares, los ancestros fallecidos y las deidades protectoras.

Galletas de azúcar de Sandy

Unas maravillosas galletas dulces de mantequilla; la receta sirve para hacer entre seis y siete docenas.

Ingredientes:
- Una taza de azúcar blanco
- Una taza de azúcar glas
- Una taza de mantequilla sin sal (¡que no sea margarina!), ablandada
- Una taza de aceite vegetal (¡que no sea aceite de oliva!)
- Dos huevos
- Una cucharadita de extracto de vainilla
- Una cucharadita de sal
- Una cucharadita de bicarbonato sódico
- Una cucharadita de cremor tártaro
- Cuatro trazas y 3/4 de harina
- Un extra de azúcar corriente para la superficie
- Azúcar de colores, decoración y/o glaseado según se desee.

Mezcla el azúcar blanco, el azúcar glas, la mantequilla y el aceite hasta obtener una mezcla ligera y esponjosa. Añade los huevos y la vainilla y mézclalo todo bien.

Añade la sal, el bicarbonato sódico y el cremor tártaro y mézclalo bien. Añade la harina poco a poco, mezclándolo bien. La masa será ligera y un tanto pegajosa.

En una bandeja para hornear galletas, coloca bolitas de masa del tamaño de cucharaditas de té. Aplana ligeramente cada bola con la parte inferior de un vaso mojado en azúcar blanco.

Si quieres utilizar azúcar de colores o decoración, espolvoréalo encima antes de hornear.

Hornea las galletas a 180 ºC hasta que estén ligeramente marrones en los bordes; alrededor de diez minutos. ¡No las dejes más tiempo! Sácalas de inmediato de la bandeja y deja que se enfríen sobre una rejilla del horno. Si quieres glasear y decorar más las galletas, espera hasta que estén completamente frías.

Ponche de huevo delicioso

Muchas de las bebidas tradicionales del invierno reflejan tiempos pasados en los que se añadía alcohol a las bebidas como conservante, y se utilizaban especias para calentar el estómago y enmascarar las comidas en mal estado. La más conocida de estas bebidas es el ponche de huevo, una creación inglesa-americana también conocida a veces como *flip-flip*. Puede que el ponche de huevo descienda del *posset*, una bebida caliente británica que contenía huevos, leche y vino o cerveza tipo *ale*. La palabra *nog* es argot británico para denominar a un *ale* fuerte. Cuando no existían sistemas de refrigeración, la leche fresca se echaba a perder con rapidez, y, por lo tanto, no formaba parte de la dieta corriente. A menudo se añadí alcohol para prolongar la vida de las bebidas basadas en lácteos y huevos.

Tradicionalmente, el ponche de huevo tiene huevos bien batidos combinados con leche, nata para montar y alcohol; normalmente, brandy, bourbon, ron o alguna combinación entre ellos. Por encima del cremoso ponche de huevo se ralla una generosa ración de nuez moscada, que después se corona con nata montada y se sirve en un cuenco de cristal frío.

Ingredientes:
- 3 huevos, con las claras y los huevos separados (utiliza huevos frescos de una fuente de confianza)
- 6 cucharadas soperas de azúcar
- 280 ml de nata para montar (evita las variedades ultrapasteurizadas)
- 1,1 l de leche entera
- 140/280 ml de brandy, bourbon y/o ron
- 1/2 cucharadita de extracto de vainilla de buena calidad

- Una nuez moscada entera
- Más nata montada

En un cuenco grande, bate las yemas de huevo con 4 cucharadas de azúcar hasta que se espese. En un cuenco mediano, bate las claras de los huevos con las 2 cucharadas de azúcar restantes hasta que se espese también. En otro cuenco mediano, bate la nata hasta que quede medio montada. Añade la nata a las yemas de huevo, agrega las claras, y vierte la leche, el alcohol, la vainilla y un pellizco de nuez moscada recién rallada si así lo deseas. Será más mágico si lo remueves en el sentido de las agujas del reloj. Vierte el ponche de huevo en un cuenco grande y déjalo más o menos una hora en el congelador antes de servirlo, hasta que se esté escarchando un poco.

Para servirlo, añade más nata montada sobre el cuenco de ponche y espolvoréalo generosamente con más nuez moscada rallada. Con un cucharón, sirve el ponche en recipientes individuales, ¡y no os olvidéis de brindar!

¡Vamos a probar el ponche caliente!

Aunque el ponche de huevo tal vez sea la bebida invernal más conocida de los tiempos modernos, el ponche caliente sigue siendo la más tradicional. El ponche caliente se conoce en inglés como *wassail*, que significa «buena salud». Se puede ofrecer con las copas en alto para brindar por el vigor y la integridad física de una persona. En inglés existe la expresión *to go a'wassailing*, que significa algo así como «ir de ponches», y tiene el significado de zambullirse en las festividades de la época, normalmente con festines, canciones y buenas cantidades de alcohol (¿recuerdas lo de los locos y los desórdenes?).

En términos tradicionales, el ponche caliente es una bebida inglesa tradicional que se hace combinando alcohol (en particular brandy de manzana), zumos de frutas y muchas especias invernales: pimienta de Jamaica, macis, nuez moscada, canela y clavo. A menudo se asan manzanas pequeñas enteras, y también naranjas y quinotos para añadirlos a la mezcla. En su presentación tradicional, el ponche caliente se sirve en un cuenco grande plateado, en copas plateadas o bronceadas con lazos de colores vivos atados alrededor de las bases. Es típico que el ponche caliente se utilice como una ofrenda del espíritu del manzano para bendecir huertos, expulsar a los espíritus malignos y aumentar la producción.

La tradición también habla de unos hombres ingleses que llevaban un cuenco de doce asas (y hecho de madera de manzano, por supuesto) lleno de ponche caliente de casa en casa, donde cantaban canciones, bebían y pedían que les rellenaran el cuenco antes de ir a la siguiente casa. Se consideraba que recibir su visita era una señal de buena suerte.

Aquí tienes una receta de ponche caliente apta para todas las edades:

Ingredientes:
- 2 litros de sidra de manzana (que no lleve alcohol)
- 3 palitos de canela
- 1 cucharadita de pimienta de Jamaica entera
- Media cucharadita de clavo entero
- Nuez moscada rallada
- Varias manzanas pequeñas
- Un par de mandarinas o tangerinas pequeñas
- Un puñadito de quinoto, pasas y/o arándanos frescos (opcional)
- Brandy normal o de manzana (opcional)

Ponlo todo dentro de una tetera y deja que hierva a fuego lento hasta que las pieles de las manzanas exploten. Sírvelo con una cucharada de brandy para los que así lo deseen. Para emular la antigua tradición de «ir de ponches», bebe sidra de manzana o el ponche caliente en un entorno al aire libre (bajo los árboles frutales, si tienes alguno), y propón un brindis para tener buena suerte durante el año siguiente. Hasta puedes llevar una o dos tazas a los vecinos.

Pastel de Rumple Minze

Este pastel es una variación del *Grasshopper Pie* (literalmente, pastel de saltamontes), pero en su receta se emplea *Rumple Minze*, un aguardiente suave de menta. Es un final perfecto, ligero y festivo para una comida de celebración pesada. Esta receta da para entre seis y ocho raciones.

Ingredientes de la base:
- Galletas delgadas de barquillo y chocolate, trituradas en migas finas (una taza y cuarto llena de migas)
- 5 cucharadas soperas de mantequilla fundida (aunque también puedes comprar corteza de galletas de chocolate ya preparada).

Ingredientes del relleno:
- 2 tercios de taza de leche entera
- 30 malvaviscos grandes y frescos
- 1 taza de nata espesa
- 30 ml de *crème de cacao* (licor de chocolate)
- 30 ml de *Rumple Minze* (aguardiente de menta)
- Colorante alimenticio rojo (opcional)
- Menta triturada, hojas de menta fresca, virutas de chocolate y/o más nata montada (decoración opcional)

Precalienta el horno a 180 °C. Para hacer la base: combina las migas con la mantequilla. Aplasta la mezcla sobre un molde para pasteles de 22-23 cm y hornéala durante 10 minutos. Deja que se enfríe por completo.

Para hacer el relleno: calienta la leche en una cacerola a fuego lento. Cuando la leche empiece a emitir vapor, añade los malvaviscos y remueve hasta que se disuelvan y quede una mezcla homogénea. Deja que se enfríe a temperatura ambiente. Cuando la mezcla de malvaviscos se haya enfriado, monta la nata. Agrega poco a poco la *crème de cacao*, el *Rumple Minze* y la nata montada. Si lo deseas, añade una o dos gotas de colorante alimenticio rojo para que te quede un pastel rosado de aspecto muy tierno. Vierte la mezcla dentro de la corteza enfriada del pastel. Cúbrelo y déjalo en el congelador durante 10-12 horas, o toda la noche.

Para servir: saca el pastel del congelador unos diez minutos antes (para que sea más fácil cortarlo). Decóralo como desees, córtalo y sírvelo mientras todavía esté congelado.

Chile con carne para decorar el árbol

Esta es una comida perfecta para servir la noche que decoréis el árbol. Se puede preparar con antelación o dejarla a fuego lento mientras lo decoráis, y las sobras están deliciosas. Si quieres hacer una versión vegana, puedes eliminar la carne de vacuno y añadir una segunda lata de judías negras. Receta para cuatro personas.

Ingredientes:
- Medio kilo de carne de vacuno
- 1 cebolla en dados
- 230-240 gramos de salsa de tomate
- 450-470 ml (una lata) de tomates cocidos
- 450-470 ml (una lata) de judías negras, enjuagadas
- 230-240 gramos de judías pintas, enjuagadas

- Media taza de agua
- 1 cucharadita de sal
- 2 cucharaditas y media de chile en polvo
- 1 cuarto de cucharadita de pimienta de cayena (después puedes añadir más si lo deseas)
- Los ingredientes que elijas para poner por encima: queso rallado, cebolla dulce en dados, pimiento dulce en dados, rodajas de jalapeño, aguacates en dados, crema agria, nachos de maíz...

En una sartén grande, desmenuza y tuesta la carne de vacuno y la cebolla. Elimina la grasa con una cuchara.

Añade la salsa de tomate, los tomates cocidos, las judías negras, las judías pintas, el agua, la sal, el polvo de chile y la pimienta de cayena. Haz que hierva ligeramente y después ponlo a fuego lento. Déjalo a fuego lento durante unas dos horas, sin tapar. Si se queda más espeso de lo que te gustaría, añade un poco más de agua a demanda.

Antes de servir, comprueba y ajusta la sal y la pimienta. Sirve el chile en un cuenco y personalízalo con los ingredientes que elijas por encima.

Variación: puedes añadir una cucharada de chile encima de una salchicha dentro de un bollo robusto para hacer unos deliciosos perritos calientes con chile. El chile también está increíble si añades una cucharada a una patata asada caliente y humeante, o si añades una cucharada a los nachos de maíz (¡extraño pero cierto!).

Cenas de papel de aluminio

A los niños les encanta hacer comida envuelta en papel de aluminio en la chimenea, pero también puedes prepararla en el horno si no tienes chimenea. Receta para cuatro personas.

Ingredientes:
- 500-600 gramos de carne picada cruda (es preferible la de vacuno)
- 4 patatas medianas, peladas y cortadas en dados
- 1-2 cebollas cortadas en rodajas muy finas
- 4 zanahorias cortadas en rodajas
- 2 latas de crema de champiñones
- 1 taza de agua
- Sal y pimienta
- Papel de aluminio resistente

Si vas a utilizar la chimenea, empieza encendiendo el fuego y dejando que se vaya apagando hasta que quede una capa gruesa de brasas; esto te llevará alrededor de una hora. Si vas a utilizar el horno, precalienta a 200 ºC.

Para cada persona, prepara un cuadrado doble de papel de aluminio de unos 45 cm. Cada persona se preparará su propia cena de papel aluminio, añadiendo todos los ingredientes salvo el agua.

Colocad la comida sobre el aluminio de capa doble y doblad ambas capas con cuidado alrededor de la comida, hasta cubrirla entera y sellar el paquete por completo de forma que no se derramen los jugos. Justo antes de cerrar el aluminio, añade el agua con cuidado. Este es un paso importante, ya que el agua se convertirá en vapor durante la cocción, ayudando a cocinar la comida en su totalidad y a impedir que se queme. Sella el paquete por completo, dejando una pequeña cantidad de aire dentro.

Coloca los paquetitos sobre las brasas calientes (o mete una bandeja para hornear galletas dentro del horno). Deja que se cuezan durante 30-40 minutos, dándoles vueltas un par de veces. ¡No le hagas agujeros al aluminio!

Cuando oigas un siseo y empieces a oler que la carne se cocina, espera unos cinco minutos más y después abre uno de los paquetes a modo de prueba. Cuidado: habrá vapor caliente en su interior. Si la cena todavía no está lista del todo, vuelve a envolverla y déjala sobre las brasas un poco más de tiempo.

Variaciones: puedes utilizar prácticamente cualquier combinación de carnes y/o verduras, y también puedes incluir distintos tipos de cremas y salsas. Los vegetarianos y los veganos pueden omitir la carne y las cremas según sus necesidades.

Bebida para los mayores: el Yuletini

Entre cuatro y seis semanas antes de cuando quieras hacer la celebración, prepara un **cordial de arándanos**:

En un frasco de conserva de un litro, combina una taza de azúcar y dos tazas de arándanos frescos bien triturados. Llena el tarro de un vodka de buena calidad (necesitarás alrededor de una taza). Tápalo y déjalo sobre la encimera de la cocina de tres a cuatro semanas, y agítalo una o dos veces todos los días. Después de tres o cuatro semanas, vierte la mezcla en un tarro limpio y guárdalo en el frigorífico. Tendrás un cordial dulce de un rojo brillante que será maravilloso como aperitivo. También es un regalo magnífico si lo das en un tarro decorado con lazos.

Pero, mejor aún, ¡puedes quedártelo tú y prepararte un Yuletini!

Ingredientes para un Yuletini:
- Media cucharada sopera de salsa de arándanos entera (¡lo mejor es que sea casera!)
- Zumo de la mitad de una mandarina satsuma o una clementina grande (y también parte de la piel)
- 3 cucharadas soperas de cordial de arándanos
- Hielo

Enfría una copa de Martini con hielo. Vacía el hielo, coloca dentro la salsa de arándanos, y remueve para desmenuzar los arándanos. Combina el zumo, el cordial y el hielo en una coctelera pequeña y agítala hasta que esté todo mezclado y frío. Vierte la mezcla en la copa de Martini y decórala con la piel de naranja. ¡Delicioso!

Si quieres hacer un cóctel sin alcohol, utiliza una cucharada sopera de salsa de arándanos, añade el zumo de mandarina y después tu bebida gaseosa favorita.

Recetas para regalar y compartir

La temporada festiva del invierno es muy conocida como un momento para las fiestas y un flujo constante de sorpresas. Aquí tienes algunas de mis recetas favoritas de esta época, perfectas para tu familia y para ti, y también para regalar y compartir en las celebraciones.

Hierbas de sopa y el bouquet garni

Casi cualquier persona te lo agradece cuando le regalas una sopa, y una buena sopa siempre comienza con unas buenas hierbas. El *bouquet garni*, literalmente «ramillete decorado», es un pequeño fardo de hierbas que se utiliza para dar sabor a caldos, sopas y estofados, así como a diversos tipos de guisados.

Necesitarás:
- Un paño quesero cortado en círculos de unos 20 centímetros de ancho
- Hierbas aromáticas para sopa surtidas y secas: romero, tomillo, perifollo, pimienta de Jamaica entera, granos de pimienta, láminas de ajo seco, perejil y semillas de apio
- Cordel natural (de algodón o cáñamo), cortado en trozos de veinte centímetros
- Tarros de conserva con tapa de un litro de capacidad

- Papel grueso
- Un bolígrafo o rotulador permanente

Coloca los círculos de paño quesero en montoncitos de tres capas cada uno. Coloca las distintas hierbas secas sobre los círculos, escogiendo libremente de la lista de arriba. Cierra los círculos en forma de paquetito y átalos con el cordel, dejando una porción de cordel para poder sacar la bolsita de la olla.

Mete los paquetitos o fardos en un tarro de cristal para regalarlo; dentro te cabrán entre cuatro y seis, dependiendo de lo mucho que los rellenes.

Añade una etiqueta con la lista de ingredientes y las instrucciones: «Mete un fardo en una olla de sopa o caldo, y deja que hierva a fuego lento el tiempo necesario. Saca y desecha el fardo antes de servir. Almacena el tarro de fardos sin usar en un lugar fresco y seco».

Kit de chocolate caliente

La palabra «chocolate» viene de los mayas, uno de los primeros pueblos conocidos que utilizaban bebidas basadas en el cacao tanto como bebida de uso diario como en ceremonias religiosas. Sus bebidas de chocolate tenían chile, lo que creaba una bebida caliente en todos los sentidos. Se ha descubierto que el chocolate negro es rico en químicos antioxidantes que reparan el daño celular y ralentizan el envejecimiento. La forma más sencilla de preparar un chocolate caliente es fundir chocolate de alta calidad en leche, y después añadir edulcorantes y hierbas o especias según se desee.

Necesitarás (para dos regalos):
- 350 gramos de pepitas de chocolate negro
- Una cucharadita de copos de pimiento rojo secos o media cucharadita de pimienta de cayena
- Dos cucharaditas de azúcar turbinado

- Papel encerado
- Bandeja de horno
- Dos tarros de conservas con tapa de medio litro
- Papel resistente
- Un bolígrafo o rotulador permanente
- Dos batidoras de varillas pequeñas (unos 10 cm opcional)

En un cuenco de cristal apto para el microondas, coloca las pepitas de chocolate y métalas en el microondas hasta que se ablanden ligeramente. Añade los copos de pimiento rojo o la pimienta de cayena y el azúcar y mézclalo todo bien. Con una cuchara, traspasa la mezcla de chocolate a una bandeja de horno cubierta de papel encerado y deja que se enfríe hasta que quede quebradizo.

Parte la mezcla de chocolate en trozos pequeños y utilízala para llenar los tarros. Pega una etiqueta con las instrucciones: «Añade una cucharada sopera de chocolate a una taza de leche muy caliente. Remueve hasta que se funda el chocolate y usa una batidora de varillas para mezclarlo bien». Si quieres, puedes dejar una batidora de varillas pequeña y manual en cada tarro.

Especias para bebidas calientes

Desde la antigüedad, se utilizan especias y hierbas para infusionar junto a sidra caliente, zumo o alcohol para obtener una bebida deliciosa. Regalar especias para infusionar es una fantástica idea para que tus seres queridos disfruten de esta delicia.

Necesitarás (para dos regalos):
- Un paño de queso cortado en círculos de unos 20 cm
- Alrededor de una taza de especias variadas: palitos de canela en trozos, bayas de pimienta de Jamaica, anís de estrella, cardamomo entero, granos de pimienta, trozos de vaina de vainilla seca y/o clavo

- Varios trozos de piel seca de algún cítrico (puedes prepararlo pelando naranjas o limones varios días antes y dejando que se seque la piel)
- Una nuez moscada entera
- Cordel natural (de algodón o cáñamo), cortado en trozos de unos 20 cm
- Dos tarros de conserva de medio litro
- Papel resistente
- Un bolígrafo o rotulador permanente

Coloca los círculos de paño de queso en montoncitos de tres capas cada uno. Coloca especias variadas (2-4 cucharadas soperas) y pieles de cítricos encima. Ralla nuez moscada fresca sobre la mesa y ata cada paquete en un fardo pequeño. Coloca los farditos dentro de los tarros de conserva; en cada uno deberían caber alrededor de seis farditos, dependiendo de cuánto los llenes.

Pega una etiqueta con las instrucciones: «Añade un fardito a un litro de sidra de manzana o vino tinto. Déjalo a fuego lento en torno a una hora. Endulza con azúcar al gusto y, si lo deseas, añade una cucharada de brandy. ¡Y a disfrutar!».

Otra opción es simplemente llenar un tarro de cristal con una mezcla de especias bien trituradas y peladuras de cítricos. Instruye al usuario para que añada una cucharada de la mezcla a 250 ml de sidra o vino rojo muy calientes, que deje la mezcla en infusión entre 15 y 30 minutos, y que la cuele antes de beberla.

Sales de baño

A todo el mundo le viene bien que le consientan un poco durante el solsticio, y a tus amigos les encantará este regalo.

Necesitarás (en función del número de regalos) :
- Sal de mesa o dendrítica

- Aceite esencial (la lavanda, la menta, el romero, el enebro y la camomila son buenas opciones)
- Sal kosher de grano grueso (o una sal artesanal de color profundo, como la sal negra hawaiana o la sal rosa del Himalaya)
- Sal de fruta
- Sal marina de grano grueso o extragrande
- Un tarro de cristal ancho y con tapa de medio litro de capacidad para cada regalo
- Un vaso medidor de un cuarto de taza
- Papel resistente
- Un bolígrafo o rotulador permanente

Coloca la sal de mesa (o la sal dendrítica) dentro de un cuenco pequeño. Aromatízala con varias gotas de aceite esencial y remuévela bien.

Mete en un tarro suficiente sal aromatizada como para llenarlo hasta un cuarto de capacidad. Con el vaso medidor, añade porciones de un cuarto de taza de las otras sales, en capas. Corona con una última capa de la sal de mesa aromatizada restante, y añade unas cuantas gotas más de aceite esencial. Las diferentes sales tienen diferentes texturas y colores ligeramente distintos, por lo que se crearán diferentes capas visibles a través del cristal que le darán un aspecto precioso.

Cierra el tarro y utiliza un lazo para atar la etiqueta a él. Escribe estas instrucciones en ella: «Para utilizar, añade un par de cucharadas de sales a un baño caliente. Mete la cuchara hasta el fondo para coger un poco de cada sal, o también puedes remover o agitar el tarro antes de usarlo. ¡Ya verás qué relajante!».

Artesanía con tarros de conservas: sales de baño (arriba), *bouquet garni* (izquierda), kit de chocolate caliente (derecha)

Artesanía para decorar el hogar

Crear ambiente y hacer que tu hogar sea cálido y apetecible hará que los meses de invierno sean más divertidos, más cómodos y más mágicos. Además, hacer cambios estacionales en la decoración de tu hogar es una forma de ayudarte a «conectar» con la temporada. No tienen por qué ser cambios complicados: puedes poner sábanas de franela suave en la cama y añadir toallas, mantas y manteles para la mesa con motivos invernales por toda tu casa. Los toques de rojo, verde y dorado evocan esta estación y se suman a la festividad y al ambiente de celebración.

Si tienes chimenea, puedes traer un pequeño montón de leña y tal vez comprar o preparar una de esas piñas con un aroma increíble a canela. ¿No tienes chimenea? ¡Pues no pasa nada! Coloca velas con aromas de árbol de la cera, canela o plantas de hoja perenne; si quieres algo más seguro, puedes meterlas en tarros de conservas altos antes de encenderlas y colocarlas encima de un espejo para maximizar el resplandor. Coloca unas mantas calentitas o cubrecamas sobre los sofás y las sillas y déjalo todo preparado para que tus amigos y tu familia disfruten.

Perfuma tu hogar poniendo a hervir a fuego lento palitos de canela, clavo y trozos de piel de naranja en una olla de agua sobre el fogón; tu propia versión personal de un incienso festivo. Pon el recipiente a fuego muy lento y vigílalo bien para añadir agua según sea necesario con el fin de que no se seque. No solo tu casa olerá de maravilla, sino que esto también es una acción muy saludable, ya que ayuda a humedecer el aire invernal de nuestros hogares, que a menudo está demasiado seco.

Altares y santuarios

Crear un altar o santuario estacional para el solsticio te ayudará a entrar en sincronía con la estación y sentir su belleza, además de ser algo muy divertido. Puedes decidir prepararlo de la misma forma que el resto de tus altares tradicionales, incluyendo tus herramientas mágicas personales, figuras de deidades estacionales y cosas por el estilo. Tal vez podrías comenzar con un paño para el altar de color rojo, verde o dorado, y después añadir velas blancas o doradas, luces pequeñas y cualquier otra cosa que suela formar parte de tu altar habitual. Colocar un espejo boca arriba sobre el mantel del altar y después organizar los objetos encima del espejo será un añadido maravilloso a la sensación de resplandor y luz.

También puedes crear tu altar como si fuera un paisaje invernal, utilizando un mantel blanco como base a modo de «nieve» y colocando pequeñas casas de cerámica, figuritas de animales, árboles y otros añadidos invernales. Los espejos pequeñitos pueden ser excelentes como estanques congelados, y puedes añadir más brillo con purpurina y trocitos de guirnaldas plateadas y doradas. Rodea el altar con muchas lucecitas blancas, o utiliza velas de colores rojo, verde, dorado o plateado. Añade figuritas para representar al Invitado Verde, a Papá Noel u otras figuras de deidades de tu elección. Esta clase de altar tiene el beneficio añadido de que puedes exhibirlo «delante de todos», y sirve al mismo tiempo como espacio sagrado y como parte de tu decoración invernal.

¿Por qué quedarte con un solo altar? El invierno es una temporada para celebraciones y decoraciones, y esto se puede reflejar con múltiples altares en las distintas estancias. Durante el Yuletide podrías tener varios: por ejemplo, un par de altares en el salón, uno en la habitación y otro en el alféizar de la ventana de la cocina; todos ellos adornados con luces y motivos festivos. Utiliza tus altares invernales como foco de concentración para tu meditación y contemplación diarias, así como para tus labores mágicas mientras te preparas para dar la bienvenida a la llegada del Yule.

¡Que se haga la luz!

Las luces enfatizan el regreso de la calidez del sol del Solsticio de Invierno, así que nunca hay demasiadas en estas fechas. Compra guirnaldas de luces y utilízalas en todas las habitaciones. Harán que regrese la luminosidad a tu pequeño rincón del mundo, aumentando la energía en todas tus habitaciones y levantando el ánimo de cualquiera que las vea. Presta atención a cuando la decoración navideña comienza a aparecer en las tiendas, en algún momento entre mediados de agosto y el Samhain, y compra cuanto antes para conseguir la mejor variedad posible. Después, compra también a finales de diciembre para conseguir gangas y ofertas de última hora.

Luminarias

Las luminarias son una fuente de luz preciosa y tradicional, y se hacen llenando una bolsa de papel con unos cuantos centímetros de arena para anclar una pequeña vela votiva en ella. La vela iluminada brilla a través de la bolsa, y proporciona una luz dorada y difusa. Para crear una luminaria invernal, puedes colocar una vela votiva dentro de un tarro de conservas de cristal, para permitir que la luz de la vela ilumine la nieve y el hielo a su alrededor. Para crear un efecto todavía más bonito, coloca trozos de hielo (o bolas de nieve) alrededor del tarro, al estilo iglú, dejando la boca del tarro despejada para poder encender la vela. Cuando la enciendas, la luminaria emitirá un resplandor de un blanco azulado (el hielo y la nieve absorben la luz del extremo rojo del espectro visible, pero dejan el azul intacto, y eso causa la apariencia azulada). Utiliza las luminarias para definir un espacio ritual exterior, o colócalas en una hilera para iluminar un camino o adornar la parte delantera de tu casa.

Vegetación

Después de la luz, que es el símbolo principal del Solsticio de Invierno, la vegetación propia de la temporada es la segunda protagonista. Desde hace mucho tiempo, es tradición llevar plantas de hoja perenne al hogar en invierno, especialmente durante la época del solsticio. Esta clase de plantas se valoraban mucho durante esta época del año como símbolos naturales del renacimiento y la resurrección en mitad del simbólico letargo de muerte del invierno. Dado que las plantas de hoja perenne se mantienen verdes durante el invierno, desde hace mucho tiempo aparecen en las celebraciones del Yule como símbolos del mundo que todavía vive. Los árboles de Navidad, las coronas y las guirnaldas que la gente todavía cuelga hoy en día se remontan a estas tradiciones.

Las correspondencias mágicas de las plantas de hoja perenne, como grupo, incluyen la continuidad de la vida, la protección y la prosperidad, cualidades importantes si se tienen en cuenta los peligros del invierno. Tanto el acebo como la hiedra son conocidos por la protección y la suerte que ofrecen. El acebo es ideal para decorar puertas, ventanas y chimeneas debido a su cualidad espinosa: puede mantener a raya o atrapar y capturar a los espíritus malignos antes de que entren y hagan daño en la casa; son como atrapamoscas para estos entes.

Otro conocido de estas fechas es el muérdago, una planta que es al mismo tiempo venenosa y parasitaria. Entre los nombres populares para el muérdago están curalotodo, savia del roble y hierba del druida. Se cree que el muérdago era sagrado para los druidas, y a menudo crece en los robles, que también eran árboles importantes para los druidas y los antiguos celtas. La leyenda dice que los druidas celtas utilizaban hoces plateadas para cortar el muérdago, idealmente durante la sexta noche después de la luna llena anterior a cada solsticio. Se extendía una tela blanca bajo los árboles para atrapar el muérdago que caía e impedir que tocara el suelo ya que, si eso ocurría, toda la energía sagrada de la planta volvería a derramarse sobre la tierra.

Como se cree que es un afrodisíaco mágico, hoy en día se cuelgan racimos de muérdago sobre las puertas para atraer la suerte y la fertilidad. El muérdago también es una planta protectora efectiva: puedes colgar un ramito sobre una puerta o un umbral principal y dejarlo allí durante el Yule como amuleto de buena suerte y protección. O, si lo prefieres, puedes quitarlo durante el Solsticio de Verano y sacrificarlo en la hoguera.

Las coronas y las guirnaldas (hechas con plantas de hoja perenne y decoradas con bayas, semillas, piñas y lazos) son otra forma de trabajar con la vegetación invernal. La forma circular de las coronas simboliza la Rueda del Año y el regreso del sol. En cuanto a las guirnaldas, puede que no sean redondas, pero sin duda aportan mucho a las festividades y a las celebraciones.

El árbol del solsticio

No podemos hablar de la celebración del Solsticio de Invierno sin mencionar al árbol del solsticio. Como ya hemos dicho antes, desde hace mucho tiempo es tradición traer plantas de hoja perenne al hogar durante el invierno, y un árbol decorado formaba parte de esta costumbre. El árbol pagano del invierno acabó inspirando las tradiciones cristianas. Según John Matthews, «la primera mención histórica registrada de los árboles de Navidad viene en realidad de un ciudadano alemán anónimo... En 1605, escribió que «En Navidad colocaban abetos en los salones de Estrasburgo y colgaban en él rosas cortadas en papeles de muchos colores, manzanas, obleas, papel dorado, dulces, etc.».

Muchas culturas y sociedades tienen la tradición de decorar los árboles. Antes, los campesinos griegos llevaban una *rhamna* a sus terratenientes la mañana de Navidad. La *rhamna* era un palo adornado con coronas de mirto, romero, oliva y hojas de laurel, y decorado con flores y papeles metálicos. En Circasia se elegía un peral joven para cargarlo de velas y colocar un queso en la parte de arriba (sí, ¡un queso!). El árbol se llevaba de puerta en puerta durante la noche del solsticio (Matthews, 82). Se decía que esto atraía la suerte y las buenas noticias, especialmente cuando se compartía vino en cada umbral.

En la Inglaterra y la Alemania del siglo XVIII, el árbol de Navidad tradicional a menudo se reemplazaba por una pirámide de madera y clavijas, decorada con lazos, papeles y ramilletes de hoja perenne para imitar a un abeto de forma cónica. Los espacios entre las «ramas» se llenaban de frutas y frutos secos. Después de transportarla a través del hogar, la pirámide se colocaba en el salón o en la habitación principal de la casa, y se convertía en el centro de las celebraciones navideñas. Hoy en día, esta tradición continúa con las torres de velas de madera, esas que sostienen velas encendidas y giran cuando el calor de las velas sube y empuja una serie de palas de madera. La mayoría son versiones para colocar encima de una mesa, ¡pero otras tienen la altura de un edificio!

Artesanía para regalar y compartir

Dar regalos es una tradición asociada desde hace mucho al Solsticio de Invierno y otras festividades invernales. Es un acto de cariño y amabilidad, y los regalos son todavía mejores cuando se eligen con cuidado o cuando los crea uno mismo, porque eso les infunde tu amor, tu vitalidad y tu creatividad mágica.

Tómate tu tiempo para envolver y poner lazos a tus regalos, para que brillen con luz y color. Puedes utilizar la tradición sueca de escribir poemas a medias o pistas en la etiqueta del regalo para sugerir lo que puede haber en su interior. Una bruja que conozco crea etiquetas de regalo que también son talismanes, así que se pueden arrancar del paquete y llevarlos encima para atraer prosperidad, protección o éxito.

Vamos a ver algunas ideas para hacer proyectos divertidos.

Elaborar velas

La elaboración de velas no es difícil, pero sí que es muy divertida. Aquí tienes algunas ideas:

- Las *velas de cera de abeja enrollada* son muy fáciles de hacer. Coloca un trozo largo de mecha sobre una capa de cera de abeja blanda, y después enrolla la cera en un cilindro bien apretado para crear una vela de la que sobresalga la mecha. Estas velas tienen un aspecto rústico y bonito y huelen genial; sin embargo, son blandas y se consumen con rapidez.

- Las *velas mojadas* son otra opción. Funde parafina al baño
  maría (puedes utilizar una lata limpia dentro de un cazo
  de agua caliente) a fuego lento. Ata un trozo de mecha
  (tiene que ser tan largo como la vela terminada) a un
  lápiz y mójala en la parafina, levantando el lápiz después
  para permitir que la mecha cubierta de cera se enfríe y se
  endurezca. Repite esto una y otra vez para permitir que
  la mecha acumule una capa creciente de cera. Cuantas
  más veces la mojes, más gruesa será tu vela. Cuando hayas
  terminado, deja que la vela se enfríe durante 24 horas sus-
  pendiendo el lápiz entre dos superficies. Corta la mecha a
  la altura apropiada y úsala.

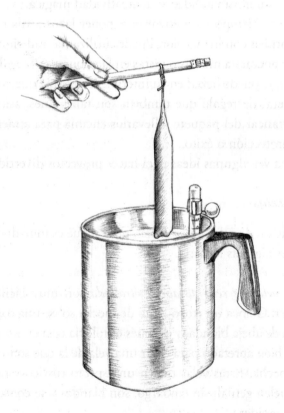

Velas mojadas

- Las *velas moldeadas* pueden ser divertidas de hacer. Escoge un molde para la vela (los cartones pequeños de lácteos encerados y las latas pequeñas pueden servir) y cubre el interior con una capa delgada de aceite vegetal. Ata un trozo de mecha a un lápiz y colócalo encima del molde, con la mecha cayendo dentro del molde. Después, llena el molde de parafina fundida. Deja que se enfríe durante 24 horas y a continuación quita el molde. Limpia cualquier aceite residual que pueda haber y utilízala.

- Las *velas de hielo* son divertidas de hacer ¡y muy apropiadas para el invierno! Suspende una mecha de vela sobre un cartón limpio encerado (por ejemplo, un cartón de leche) o un molde de vela, y después llénalo por completo de cubitos de hielo pequeños; el tamaño ideal son unos 2/2,5 cm (para obtener mejores resultados, que sobresalgan un poco). Métela en el congelador durante treinta minutos para que el contenedor y el hielo se enfríen por completo. Después, sácalo del congelador y llena el recipiente de parafina fundida, vertiéndola desde diferentes posiciones para que se llene por completo. El hielo se fundirá y la cera se endurecerá con rapidez, dejando espacios en los lugares donde estaba el hielo. Deja que la vela se enfríe durante más o menos una hora, y a continuación, encima del fregadero, sácala del molde y deja que el agua se vaya por el desagüe. Déjala secar durante un día antes de utilizarla.

Con cualquiera de estas opciones de vela puedes utilizar trozos de ceras rotas para añadir color a tu parafina fundida. También puedes agregar trocitos de cristal, hierbas, aceites esenciales u objetos pequeños a las velas antes o durante el proceso de vertido o de enrollado. Si utilizas las velas terminadas en alguna labor específica o en un ritual, tal vez quieras aderezarlas con algún aceite esencial apropiado. Moja la punta del dedo en el aceite esencial y unge la vela, recorriéndola de abajo arriba para labores relacionadas con el crecimiento, los comienzos o la expansión, y de arriba abajo para las disminuciones o los finales.

¡Cuidado! Pon el fuego bajo cuando estés fundiendo la parafina, y vigílala con atención. Si se calienta demasiado, puede estallar en llamas de forma espontánea.

Velas de hielo (producto terminado)

La gran vela de Navidad

Algunas tradiciones celtas utilizan una vela que dura una semana llamada *coinneal mór na Nollaig*, la «gran vela de Navidad», que se enciende durante esta época y particularmente en Nochebuena (Freeman). La vela está asociada con la buena voluntad y la buena suerte. Puedes seguir esta tradición con una vela comprada en una tienda, o hacer la tuya propia, y después encenderla durante unos días que sean importantes para ti, para tu familia o para tus propias tradiciones mágicas.

La vela tradicional es roja, pero se puede utilizar una de cualquier color. Para más seguridad, coloca la vela dentro de un tarro de conservas alto. Mientras enciendes la vela, repite las siguientes palabras: «La gran vela de Navidad se enciende esta noche, que la buena voluntad y la buena suerte nos sigan durante el Nuevo Año». Puedes convertir esto en un ritual familiar o grupal permitiendo que los miembros de la familia enciendan sus propias velas pequeñas a partir de la grande. También puedes convertirla en un regalo navideño si le das a un amigo su propia gran vela de Navidad en un lecho de plantas y las instrucciones adjuntas.

Hacer una corona de hoja perenne

Es fácil hacer una corona para colgarla de la puerta de entrada de tu casa. Compra un alambre alargado en una floristería o una tienda de manualidades. En él, inserta ramitos de plantas de hoja perenne y acebo, bayas, semillas secas, hierba o cualquier otra cosa que refleje la zona donde vives durante el invierno; tal vez hasta puedas pasear por tu jardín o por tu barrio para ver qué trozos de maravillas secas pueden resultar bonitas. Adorna la corona terminada con lazos rojos o dorados, pequeños ornamentos o cualquier cosa que encaje con tus propósitos personales o mágicos.

Hojas de gratitud: artesanía con el árbol del solsticio

Corta formas de hojas en cartulina de color verde y dorado. Pide a los miembros de tu familia que utilicen bolígrafos de colores, metálicos o de purpurina para escribir expresiones de gratitud en cada hoja. También puedes utilizar las hojas para inscribir deseos o encantamientos mágicos. Átalas en tu árbol del Yule o en tu corona, o entrelázalas para formar guirnaldas; serán expresiones concretas de vuestra gratitud y vuestros deseos del año pasado. Cuando haya terminado el invierno, recoge y quema las hojas como parte de una hoguera final, para despedirte del Yule hasta el año que viene.

Regalo para los pájaros: artesanía con el árbol del solsticio

Cuando llegue el momento de quitar el árbol, puedes plantearte la posibilidad de convertirlo en un regalo para los pájaros; es un proyecto estupendo para los pequeños de la casa. Podéis colgar arándanos azules y rojos y palomitas de maíz en trozos de algodón (o hilo dental) y colgarlos de las ramas. También podéis colgar cacahuetes con cáscara y sin sal, cereales de avena sin edulcorantes y trozos de naranja, manzana y pera; los pájaros los apreciarán mucho. Llena mitades de naranja y mandarinas con una mezcla de mantequilla de cacahuete y pipas de girasol. También puedes rellenar piñas de abeto con mantequilla de cacahuete, frutos secos y semillas. Puedes visitar la tienda de comida para mascotas de tu zona para comprar dulces de sebo y cabezas de girasol secas, y colgarlas del árbol con un cordel. No olvides sacar un recipiente de agua y cambiarla todos los días. Los pájaros invernales aprecian mucho las fuentes de agua fresca, y eso los atraerá a tu jardín de forma casi tan efectiva como la comida. Coloca tu «árbol de pájaros» donde puedas verlo con facilidad, ¡y prepárate para el espectáculo!

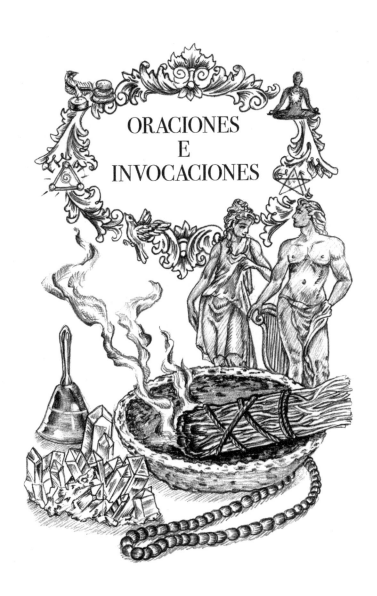

ORACIONES E INVOCACIONES

n passion, backbone, insight, search for meaning, sacrifice, etc.

and looking inward, evaluation, reflection, meditation, hibe

nd scrying, study, journaling, tool crafting, feasting, comm

k, deep ritual, vigil personal retreat. Amaterasu, Baba

Bruno, Cailleach, Carlin, Carravogue, Ceres, Demeter, ?

e Koliada, Lachesis, Marzana, Rind Skadi, Sneg

chus, Hodhr, Lugh, Saturn, Dilus Varsvlavi, Cert,

Knight, Green Man, Holly King, Karkantzaros, Kn

utzelfrau, Pelzpichol, Perchta, Samichlaus, Stallo, Ta

Egregores, green: evergreen, abundance, life, new beginning

lth, gifts, prosperity, solar energy, red: holly berries and

e fire, white: silence, calm peace, protecting, cardamom: c

m, psychic powers, cinnamon: access to astral and spirit

ion strength, cloves: attraction, authority, healing power,

intuition, renewal, transformation, vitality, mistletoe: peace

protection, nutmeg, alertness, awareness, inspiration, intell

calm, divination, intuition, psychic powers, relaxation, rose

esting, divination, healing, mental clarity, physical and

trength, sage: calm concentration, confidence, health and

Mucho antes de que el ser humano pensara siquiera en crear un calendario moderno, su vida estaba gobernada por el giro de la rueda estacional. En primavera, la tierra cobraba vida otra vez y vibraba enormemente con las nuevas energías y los nuevos comienzos. En verano, el mundo cantaba en voz alta con una energía fértil y una sensación de abundancia y fecundidad. En otoño la canción se calmaba un poco; la tierra se quedaba en barbecho, y los esfuerzos se centraban en cosechar los cultivos para sobrevivir contra el largo y duro invierno. Y entonces llegaba el invierno, y la tierra se quedaba en silencio durante esos meses largos, fríos y oscuros.

Estos cambios estacionales también funcionan como una metáfora del alma humana. En primavera, el alma siente el impulso de la vida, la motivación de salir fuera y experimentar con ideas y experiencias nuevas. En verano, cuando la vida está en pleno apogeo, el alma se regocija con los regalos puros y abiertos del mundo en crecimiento. En otoño el alma comienza a recogerse, volviéndose introspectiva mientras se prepara para recibir al invierno. Y, durante ese invierno, el alma se queda en silencio y dirige su mirada hacia dentro en busca del significado vital.

Las culturas antiguas inevitablemente desarrollaban rondas de oraciones, meditaciones e invocaciones que les acompañaran a través de estas etapas de la vida. La temporada fría siempre era un momento clave para esta clase de eventos, ya que el invierno (una época en la que la tierra se queda en silencio y parece estar dormida) es un momento en el que el mundo de los espíritus y la percepción parecen no solo más cercanos que en otras épocas, sino también más necesarios. Mientras preparamos nuestras almas contra la oscuridad del invierno y esperamos el regreso de la luz, tenemos una poderosa oportunidad para mirar dentro de nosotros y contemplar nuestra relación con la naturaleza, la magia, aquellos a quienes queremos y aquellos cuyas necesidades son mayores que las nuestras. También podemos profundizar en nuestras relaciones con el mundo espiritual y con nosotros mismos.

Las siguientes oraciones, invocaciones, meditaciones y otras ideas están pensadas para utilizarse en rituales, hechizos o cualquier otra clase de labores mágicas. Ninguna de ellas tiene la intención de invitar a la deidad a que domine y «controle» el cuerpo de una persona; algunas se centran en pedir o suplicar a una deidad que se una a nosotros en nuestro espacio sagrado, mientras que otras nos animan a mirar en nuestro interior, y otras cuantas honran la propia temporada del invierno y el regreso del sol que nos da la vida.

En esos momentos en los que sentimos ansiedad, no es nada raro que la gente recurra a la oración. Rezar es hacer una petición solemne o pedir ayuda a una deidad, una fuente de energía o un objeto religioso. He oído a mucha gente decir cosas como «los paganos no rezan», pero yo no estoy de acuerdo. Si estás hablando con nuestros dioses, haciéndoles peticiones y pidiéndoles guía o ayuda, estás rezando. La palabra «rezar» viene del latín *recitare*, que también derivó en la palabra «recitar». Y eso es exactamente lo que hacemos en los rituales y en muchos hechizos. Rezar es mantener una conversación personal entre tú y tus dioses.

En cuanto a la invocación, la palabra viene del latín *invocare*, y significa «apelar a un poder superior para que te ayude», ya sea una deidad, un poder elemental u otro ser sobrenatural. Hacer sugerencias sobre cómo realizar una invocación es algo que está más allá del ámbito de este libro, pero aquí tienes dos buenos consejos. Primero, cuando estés trabajando con una deidad, lo mejor es invitarla: a la mayoría no les hace ninguna gracia que les manden. Y, segundo, nunca (¡nunca!) invoques nada que no sepas cómo expulsar.

Estructura para una oración sencilla

Sigue esta guía de cuatro pasos para crear tus propias oraciones:

1. Da la bienvenida y haz un reconocimiento: pronuncia el nombre de la deidad y reconoce sus cualidades y sus dones.

2. Gratitud: expresa tu agradecimiento por los regalos y el apoyo que esa deidad te ha dado en otras ocasiones.

3. Intercesión o petición: haz tu petición o tu súplica.

4. Liberación agradecida: expresa tu gratitud por la atención y la gracia divina de la deidad.

Nota: hay personas que hacen ofrendas como parte de su oración; si te gustara hacer esto, insértalas en el momento que te parezca más oportuno.

Aquí tienes una oración sencilla:

[Bienvenida] Diosa Holda, portadora de prosperidad y fertilidad, acudo a ti en esta noche invernal. [Gratitud] Te agradezco el cuidado con el que has protegido a mi familia durante el último año, pues hemos estado fuertes y sanos. [Petición] Te suplico que nos protejas una vez más en el año que está por llegar, garantizando así nuestro bienestar y nuestra buena suerte. [Liberación] Gracias por tus regalos, Madre Divina. Seguiré siendo tu devoto sirviente. Que estés siempre en paz.

Invocación a la Anciana Madre del invierno

Esto funcionaría también con la mayoría de deidades femeninas del invierno:

Anciana Madre del Invierno,
vigilante de la vida y de la muerte,
tú que haces renacer el mundo,
¡permanece con nosotros en la noche más larga!
Acompáñanos durante las horas más oscuras
y camina junto a nosotros
cuando el amanecer dé a luz
a la promesa de la nueva vida.
¡Que así sea!

Invocación al Padre Yule

Esto funcionaría también con la mayoría de deidades masculinas del invierno:

Padre heroico, dador de la vida,
tú que estás con la espada en la mano
para luchar contra los peligros salvajes,
trae esa espada a nuestro círculo
y permanece con nosotros
contra la oscuridad de la noche.
Pues la noche es larga,
y tú nos mantendrás a salvo.

Invocación para el sol dador de vida durante la vigilia del Solsticio

Oh, sol ausente,
la tierra se vuelve fría mientras esperamos.
Nuestro fuego de vigilia no es más que una pequeña chispa
en comparación con tu resplandor.
Nuestros huesos se vuelven fríos
esperando tu calidez.
Aguardamos con paciencia tu regreso
en el cielo oriental.
Aguardamos con impaciencia el primer rayo de luz
que atraviese el amanecer oriental,
la primera señal de la renovación de la vida.
Ven a nosotros, ¡oh, sol!
Por el momento, te esperamos.

Introducción a la meditación

Con el otoño llegan la bajada de las temperaturas y la lenta disminución de la luz del día. Nuestros cuerpos responden a estos cambios con unos niveles de energía más bajos, y a veces un descenso en nuestros niveles generales de fuerza o resistencia, cambios que continúan a medida que nos adentramos en el invierno. Durante la temporada invernal, tendemos a pasar mucho tiempo pensando en otras personas, y tal vez no tanto en nosotros mismos. Eso, combinado con el hecho de que muchos de nosotros pasamos la mayor parte del otoño y del invierno en el interior, hace que nos podamos sentir deteriorados y desarrollemos enfermedades durante el invierno.

Algunos de los factores que nos mantienen saludables incluyen una dieta variada, una cantidad adecuada de horas de sueño y ejercicio regular, cosas que deberían mantenerse a lo largo del invierno. Minimizar el estrés es también muy importante, particularmente debido a la locura de la temporada festiva en diciembre. Muchos expertos recomiendan la meditación como una forma valiosa de incrementar la relajación y mejorar la inmunidad. Se sabe que meditar, aunque sea de cinco a diez minutos al día, alivia el estrés, promueve una sensación de calma y ayuda al sistema inmunitario y a la salud en general.

Antes de comenzar, aquí tienes un par de sugerencias prácticas. La mayoría de las meditaciones que se presentan en persona comienzan con la instrucción de «cerrar los ojos», con el propósito de eliminar los estímulos visuales y, por lo tanto, reducir las distracciones. Por desgracia, para las personas con problemas de audición cerrar los ojos significa que no pueden ver al hablante, y por lo tanto no pueden seguir los pasos. Del mismo modo, una persona con problemas de visión no puede ver las palabras impresas, y por lo tanto necesita oír las instrucciones habladas para poder participar. Haz cualquier ajuste que sea necesario para que la meditación te funcione. Cierra los ojos o ábrelos. Lee las palabras en un papel o escúchalas. Algunas personas graban la meditación con su teléfono móvil y después escuchan la grabación. Tú haz lo que te funcione a ti.

Meditación de respiración sencilla para el invierno

Siéntate en una silla de una habitación tranquila, en un momento en el que no vayan a molestarte. Elige un momento del día en que no sientas cansancio; la mañana va muy bien.

Cierra los ojos, toma aire y expúlsalo de forma lenta y regular.

Imagina un resplandor de luz justo debajo de tu ombligo. Cada vez que inspiras, se vuelve más grande.

Continúa respirando y resplandeciendo hasta que sientas que tu cuerpo entero está rodeado de una luz suave y brillante. Sé consciente de esa luz y de cómo se mueve con tu respiración y el latido de tu corazón. Continúa así todo el tiempo que puedas; al menos, diez minutos.

Cuando sea el momento de terminar, levanta los brazos lentamente sobre tu cabeza y exhala de forma potente, como si quisieras apagar una vela gigante. Baja los brazos con lentitud y siente cómo se desvanece el resplandor hasta desaparecer. O tal vez quieras mantener una pequeña parte de él contigo a lo largo del día.

Meditación de invierno

Mientras que la mayoría de las meditaciones tienden a tranquilizarnos, esta tiene el objetivo concreto de revitalizarnos. Recomiendo realizarla durante la mañana; si la haces de noche, puede que tengas problemas para dormir.

Quédate en una habitación tranquila, en un momento en el que no vayan a molestarte. Ponte ropa holgada y siéntate de una forma que te resulte cómoda. Coloca los brazos tranquilamente sobre tu regazo, con los dedos relajados. Sigue esta meditación, respirando con lentitud y con intención:

Te has sentado sobre un tronco en el claro de un bosque. El tronco es áspero y frío. El aire está frío, tal vez helado. Mientras respiras, tomando aire y expulsándolo, sientes que el aire frío entra profundamente en tu interior. Sientes algo de nieve que cae con suavidad sobre tu piel. Todo se encuentra en silencio a tu alrededor. Tú también estás en silencio. Tu mente está en silencio. Tu respiración es silenciosa. Tus pensamientos son silenciosos. Te sientes en unidad con la noche de invierno. Una paz profunda te cubre por completo. Te quedas allí en silencio durante un tiempo, sintiendo esta pacífica tranquilidad.

(Deja que pase algún tiempo).

Todavía con tu ser envuelto en silencio, te vas haciendo consciente de una sensación profunda en tu interior. Es el más diminuto atisbo de calidez, como si una vela estuviera parpadeando en lo más profundo de tu ser. Te concentras en la calidez; no es aún suficiente para crear un calor de verdad, pero es real. Mientras esperas, la calidez comienza a crecer de forma constante. Te imaginas una pequeña bola de calidez y de luz dentro de ti. Ahora tiene más o menos el tamaño de una nuez. Ahora, el de una naranja pequeña. Ahora, el de un pomelo. La sientes zumbar... parece viva. La sensación es maravillosa. Te llena de calidez y te sientas con ella, disfrutando de lo bien que te sienta. Sientes calor y una seguridad absoluta.

Tomas conciencia del tronco donde te has sentado. Ya no parece áspero y frío; ahora se siente cálido y agradable. El aire a tu alrededor también parece más cálido. El aire que inhalas y exhalas, que entra y sale de tus pulmones, es ligeramente cálido y parece húmedo. Sin mirar, te das cuenta de que hay otros troncos a tu alrededor, y de que hay otras personas sentadas sobre esos troncos, al igual que tú te has sentado sobre el tuyo. Sin mirar, sabes que se trata de tus seres queridos. Puedes ver cada uno de sus rostros. Sonríes, y después vuelves a concentrarte otra vez en tu respiración larga, lenta y cálida. Te das cuenta de que todos los troncos están colocados en un círculo alrededor de una gran pila de madera. Es una pila enorme de madera, y está oscura y silenciosa.

Mientras sigues respirando en silencio, tomando aire y expulsándolo, te das cuenta de que hay una pequeña pizca de luz en el centro de la pila de madera. Es como si la pequeña llama que una vez ardió dentro de tu interior ahora hubiera encontrado el camino hasta la madera. Mientras respiras y espiras, es como si tu aliento alimentara a la llama. Cuando tomas aire, la pequeña llama se eleva, cada vez un poco más alta. Cuando expulsas el aire, la llama mengua por un momento, y después vuelve a elevarse otra vez. Tomas aire y lo expulsas, tomas aire y lo expulsas. La llama comienza a crecer. Puedes oír la madera siseando y crepitando mientras se prende en llamas. El fuego crece. Pronto, la hoguera está viva con luz y sonido. Tu respiración se acelera ligeramente por la emoción. Puedes sentir el calor que viene del fuego; te calienta la cara y te hace sentir con vida. Llevas tus manos hacia la llama y te imaginas la calidez que te llena de vida y energía. Te das cuenta de que tus seres queridos están haciendo lo mismo. Junto a ellos, un círculo de energía rodea la hoguera y te atraviesa por dentro. ¡Nunca antes te habías sentido tan vivo! Tu corazón y tu alma cantan con la energía.

Mientras experimentas esto, mientras sientes la luz, la energía y la felicidad, la escena queda rasgada de repente por un rayo de luz del sol naciente del solsticio, y ni siquiera el fuego es capaz de competir con el resplandor del sol. Manteniendo esta escena en tu ojo mental, toma tres lentas y profundas respiraciones antes de abrir los ojos.

¡Continúa con tu día, con energía e inspiración!

Meditación sagrada para las noches de invierno

Lo sagrado está relacionado con la plenitud de espíritu, y esta meditación nos ayuda a buscar la plenitud de nuestro espíritu y nuestra alma y a contemplar nuestras relaciones con nosotros mismos, con otros seres y con el universo. Esta meditación está inspirada por los trabajos realizados por Carl Jung, Rudolph Steiner y Joseph Campbell. A continuación, tienes un ejemplo de meditación para una noche, además de una lista de temas que puedes desarrollar para las noches siguientes.

Los principales elementos de una meditación sagrada:

- Un aspecto en el que centrarte (tema)
- Una lectura de apertura
- Una actividad de concentración
- Un momento de gratitud o agradecimiento
- Una lectura de cierre
- Un proceso de reflexión para después
- Algo que te lleves de forma intencional a la meditación de la noche siguiente

Elige un lugar tranquilo y privado para realizar esta meditación. Lo ideal sería hacerla por la noche, justo antes de ir a dormir. Crea una atmósfera acogedora y pacífica con una iluminación suave; las velas o la luz de la chimenea serían lo ideal. Siéntate en silencio, sé consciente de tu respiración y concéntrate en la llama de una vela o en el punto de concentración que hayas elegido.

Noche 1: contacto con el alma

Materiales: fotografías de tus seres queridos, recuerdos personales de importancia.

Lectura de apertura: «La felicidad no se encuentra en las posesiones ni en el oro. La felicidad habita en el alma». Demócrito

Actividad de concentración: ¿Dónde está tu comienzo? ¿De dónde vienes? Deja que tu mente fluya hacia atrás en la memoria, hasta tus recuerdos más tempranos. Cae en un modo meditativo que te lleve profundamente a los océanos primordiales, o al universo de la «materia estelar» primordial, los átomos de la creación. ¿Dónde nació tu alma? ¿Adónde irá después?

Momento de gratitud: ¿De qué forma sientes agradecimiento por el alma en tu interior?

Lectura de cierre: «Mantente limpio y brillante: tú eres la ventana a través de la cual debes ver el mundo». George Bernard Shaw

Reflexión: Registra tu experiencia de alguna forma, en un cuaderno o en un diario.

Intención: A tu elección

Otros aspectos en los que puedes centrarte para futuras noches sagradas:

- Amor
- Calidez
- Compasión
- Compromiso
- Comunicación
- Contemplación
- Crecimiento personal
- Equilibrio
- Lucha
- Olor
- Paciencia
- Pensamiento y cognición
- Plenitud
- Renacimiento
- Sabor
- Silencio y tranquilidad
- Sonido
- Vista
- Vitalidad

Retiro invernal

Durante la tranquila oscuridad del invierno, muchos paganos sienten la necesidad de reflexionar, hacer planes y poner sus vidas en orden, y es una tendencia apuntalada por fuertes raíces biológicas y mágicas. Por estas razones, el invierno es un momento poderoso para el retiro personal.

¿Qué es un retiro? Desde hace mucho tiempo, los humanos han buscado formas de separarse de sus rutinas diarias para centrarse en su propio interior. Los claustros de monjes, las búsquedas de sentido e incluso las vacaciones son todos una forma de retiro. Puedes combinar un lugar, un propósito, prácticas mágicas, actividades y un ritual para crear tu propio retiro invernal, concentrándote en entornos y actividades que se correspondan con la estación. Durante tu retiro, abraza y contempla la oscura tranquilidad del invierno como un momento para la conexión interna, para planear y para vivir un enorme crecimiento personal. El cuerpo y la mente son santuarios, y ser capaces de sentirnos espiritualmente completos (con una sensación interna y externa de paz y orden) es algo vital para la salud emocional y la seguridad, particularmente durante el invierno, un momento del año que asociamos por instinto con la oscuridad y el peligro. Descubrirás que tu retiro se convierte en una celebración.

Aquí tienes algunas ideas para tu retiro invernal:

- Tu retiro puede durar lo que tú quieras, desde un par de horas hasta un fin de semana largo o incluso varios días. Escoge un momento y un lugar en el que puedas tener tranquilidad, donde no haya molestias y no necesites ocuparte de nadie que no seas tú. Haz saber a tus seres queridos que no pueden molestarte durante este tiempo.

- Honra la naturaleza y el valor del silencio y la meditación como parte de tu retiro; tanto como un guiño al silencio del invierno, como también para beneficiar a tu propio viaje interior. Apaga los aparatos electrónicos y resiste la necesidad de utilizarlos durante el retiro.

- Prepárate para el retiro reuniendo todo lo que vas a necesitar y purificándote de alguna manera: duchándote, con incienso o con cualquier otra cosa que te funcione.
- Comienza con un ritual o una declaración sencilla de tu propósito.
- Realiza actividades que se centren en la planificación, la reflexión y el crecimiento personal. Los diarios y la adivinación son actividades fabulosas para un retiro invernal, al igual que planear el curso de una investigación o un estudio. Algunas personas utilizan su tiempo durante el retiro invernal para coser prendas de ropa o crear herramientas mágicas.
- Trabaja con correspondencias mágicas que te conecten con el invierno; puedes ver las correspondencias al final de este libro para coger ideas.
- Si quieres, realiza una meditación, un hechizo o un ritual que ayude a tus objetivos.
- Si el clima lo permite, plantéate la idea de dar un paseo largo y reflexivo en el exterior, observando y escuchando cualquier vista, sonido o mensaje que puedas encontrarte. Caminar en los momentos en torno al amanecer y al atardecer será muy especial.
- Trae luz a tu retiro con guirnaldas de luz, velas o con la magia del fuego de una chimenea. Siéntate en silencio con la luz, disfrutando de su presencia.
- Disfruta de comida nutritiva y sanadora para alimentar tu cuerpo e inspirar tu alma.
- Finaliza tu retiro con un ritual de cierre y, si es posible,

crea un pequeño amuleto o talismán que puedas llevar contigo como un recordatorio del evento.

Y ahora, recuéstate y abraza esta temporada. Apaga el teléfono móvil, el ordenador y la televisión, y siéntate en silencio con luces bajas o junto al fuego, contemplando las tranquilas profundidades del invierno. Da paseos. Alimenta a los pájaros. Lee algún libro nuevo. Medita. Juega a juegos de mesa con tus amigos o tu familia. Expresa tu agradecimiento por las lecciones del invierno y tu alegría mientras aguardas el regreso de la luz.

RITUALES
DE
CELEBRACIÓN

...passion, wisdom, insight, search for meaning, sacrifice, etc.

...and looking inward, evaluation, reflection, meditation, hike...

...nd scrying, study, journaling, tool crafting, feasting, comm...

...k, deep ritual, vigil personal retreat, Amaterasu, Baba...

...Bruno, Cailleach, Carlin, Carravogue, Ceres, Demeter, ...

...Koliada, Lachesis, Marzana, Rind Skadi, Sneg...

...clues, Hodler, Lugh, Saturn, Dilis Varsulavu, Cert, ...

...Knight, Green Man, Holly King, Karkantzaros, Kne...

...itzelfrau, Pelzmichel, Perchta, Samichlaus, Stallo, Ta...

...Egregores, green: evergreen, abundance, life, new beginnings...

...lth, gifts, prosperity, solar energy, red: holly berries and ...

...fire, white: silence, calm peace, protecting, cardamom: a...

...m, psychic powers, cinnamon: access to astral and spirit...

...on strength, cloves: attraction, authority, healing power, ...

...ntuition, renewal, transformation, vitality, mistletoe: peace...

...protection, nutmeg, alertness, awareness, inspiration, intelli...

...alm, divination, intuition, psychic powers, relaxation, rosen...

...thing, divination, healing, mental clarity, physical and p...

...trength, sage: calm concentration, confidence, health and ...

Pues aquí estamos, en el último capítulo del libro, y ha llegado el momento de hablar de rituales y celebraciones. Los paganos realizan rituales y celebran festividades muy a menudo, y estos tienden a concentrarse especialmente en lo que podemos considerar los momentos de «grandes festividades» del año. El Solsticio de Invierno siempre ha sido un momento muy importante para las celebraciones y los rituales, gracias a su relación con la idea de renacimiento, vida nueva y el regreso del sol. En este capítulo, nos adentraremos en algunos de estos conceptos, y después te ofrecemos sugerencias específicas para hacer celebraciones en solitario, en grupo y en familia.

Primero, tenemos que pensar en la palabra «ritual». Un ritual es una ceremonia religiosa o solemne que consiste en una serie de acciones realizadas en un orden prescrito. Esta palabra tiene su origen en la palabra «rito», que a su vez está relacionada con la tradición o la práctica religiosa. Los rituales siempre tienen un propósito específico, y pueden realizarlos una o más personas. Pueden estar planeados hasta el último detalle o pueden ser completamente espontáneos, y normalmente tienen un comienzo, una parte media y un final. La mayoría de los rituales paganos tienen que ver con la invocación de energía; también pueden tener relación con deidades, incluir oraciones, peticiones, iniciaciones, bendiciones u otras acciones intencionales; y también pueden vincularse con la adivinación. Los rituales pueden ser seculares, pero más a menudo suelen tener un propósito religioso o espiritual.

Las celebraciones son un poco diferentes. La palabra viene del latín *celebrare*, que significa algo así como «frecuentado» u «honrado». Las celebraciones tienden a reconocer ocasiones importantes y a menudo son eventos que solo se realizan una vez, como cuando una persona da un nuevo paso en una formación religiosa o acepta un diploma o credencial. Las celebraciones pueden tener componentes formales, pero por lo general son más algo casual que rituales estructurados. Rara vez tienen una naturaleza mística, aunque a menudo ocurren junto a rituales religiosos. Una festividad es más o menos lo mismo que una celebración, aunque la palabra viene de la misma raíz que «festín», lo que sugiere una relación muy cercana entre la celebración y la comida.

Vamos a explorar la idea de ritual o de celebración que puede ser de carácter informal o solemne. Conozco a varias personas que no consideran que un ritual sea «válido» a menos que vaya acompañado de un guion de múltiples páginas, participantes con atuendos elaborados, muchos objetos chulos y una memorización completa de cada parte. ¡Ah! Y también tiene que durar por lo menos una hora. Yo no dudo de la belleza y el factor deslumbrante de un ritual coreografiado de forma cuidadosa, con un guion perfectamente escrito y memorizado por completo. Pero, a veces, cuando observo uno de estos, me siento como si estuviera contemplando una actuación dramática más que una interacción significativa con lo divino. He estado involucrada en esos rituales grandiosos y han sido interesantes. Algunos de ellos me han llegado al alma. Pero también algunos de los rituales más significativos de los que he formado parte eran fruto de la improvisación del momento y apenas estaban cohesionados, pero su significado era desbordante.

También hay desacuerdo en lo que respecta a si las partes del ritual deberían saberse o no de memoria. La memorización tiene muchas ventajas: todo parece fluir cuando los participantes se saben sus partes de antemano evitando así la incomodidad de estar mirando las anotaciones en tarjetas con los ojos entrecerrados o de pasar las páginas con las instrucciones, cosas que pueden suponer una distracción durante un ritual y dan un aspecto de poco rigor. El de memorizar también es un ejercicio mental estupendo y, si se memoriza una parte, nos quitamos la preocupación de olvidarnos las tarjetas anotadas para el ritual. Pero, por otro lado, yo jamás cancelaría un ritual porque una persona no tuviera su parte memorizada, ni tampoco dudaría en sumar a alguien al ritual en el último momento, lo que significa tener que entregarle una versión escrita de lo que tiene que leer en voz alta.

En resumidas cuentas: estas decisiones dependen de ti, pero tienes que planteártelas todas de forma cuidadosa mientras preparas tus rituales. Plantéate el propósito del rito o de la celebración, quién está involucrado en él, cuál es el entorno y qué es lo que necesitáis conseguir. Responde a ello como corresponda y, en cada uno de los casos, toma decisiones que sean significativas para ti y para aquellos con quienes estés trabajando. Si vas a trabajar con un grupo, asegúrate de que todo el mundo comprenda el protocolo básico de tus rituales: por ejemplo, si es aceptable llevar herramientas mágicas durante el ritual, cómo entrar o salir de un círculo y todas esas cosas.

La música en los rituales

El Solsticio de Invierno y la música van de la mano, bien se trate de la música que creamos los seres humanos o de la canción sobrenatural creada por el viento nocturno soplando a través de los árboles de hoja perenne del invierno. En Estados Unidos, la mayoría hemos crecido cantando villancicos navideños, sin importar cuál sea nuestro trasfondo religioso. En tiempos pasados, un villancico era una combinación de una canción y un baile, o de una canción y una procesión; tradiciones que llevaron de forma natural a las del *mumming* y la danza Morris. Los niños solían honrar el Solsticio de Invierno con canciones, recorriendo sus aldeas y cantando villancicos de puerta en puerta. Los aldeanos los recompensaban con amuletos, dulces y regalos pequeños, para simbolizar la comida y la prosperidad que la Madre Tierra otorgaba durante el Yule a todos sus hijos terrenales.

Mara Freeman recuerda una versión ancestral de los villancicos, la tradición hébrida de «cantar al Hijo del Amanecer». Un grupo de mozos de Navidad vestidos de blanco iban de casa en casa por sus aldeas. En cada caso, podían o bien coger en brazos al niño o al bebé más pequeño, o bien crear un niño sagrado con una sábana o una manta. Después, los mozos llevaban al niño junto al fuego del hogar, mientras cantaban un villancico (Freeman, 354).

Aunque la canción se cantaba entonces como un villancico navideño, probablemente fuera también un homenaje al sol que regresaba. De hecho, las palabras venían de uno de los cánticos tradicionales escritos por el folclorista escocés Alexander Carmichael en su *Carmina Gadelica*. La *Carmina* registra el folclore escocés y sus tradiciones después de la cristianización del país, pero no hay duda de que esas tradiciones provenían de costumbres paganas más antiguas, así que continúan reflejando las tradiciones antiguas de aquellos que les precedieron.

La tradición de cantar villancicos todavía perdura hoy en día, y los cantantes a menudo reciben galletas y chocolate caliente a las puertas de sus vecinos. Muchos de los villancicos que consideramos cristianos pueden «Paganizarse» si cambias un poco la letra. Algunos, como los villancicos anglosajones *Deck the Halls* y *The Holly and the Ivy*, sirven tal y como están para los cantantes paganos. Para los paganos que todavía están en el armario, los villancicos son también una forma de celebrar a plena vista tan fabulosa como cualquier otra.

Tal vez quieras complementar también tu ritual o tu celebración con música instrumental. Se dice que la percusión representa el latido del corazón de la tierra y es el instrumento del elemento tierra. Si utilizas tambores e instrumentos de percusión en tu ritual, no solo añadirás un sonido bonito y místico, sino que también te conectarás con la tierra y con las fuerzas del invierno. Gracias a su versatilidad, los instrumentos de cuerda son fáciles de transportar y pueden aportar mucho a tu música. Y las campanas, por supuesto, son sinónimo del invierno, especialmente si consigues cascabeles de trineo. Las campanas y los cascabeles sirven de maravilla para acompañar el camino hacia el sitio del ritual, o durante la fase de invocar a la energía. También se sabe que tienen la propiedad mágica de dispersar las vibraciones negativas de un espacio. Y, además, son muy divertidas de utilizar.

Además, ten en cuenta que muchos villancicos navideños tradicionales funcionan a la perfección para la celebración pagana del invierno. Algunos se pueden «paganizar» de modo que resulten perfectos para el Yule. Si buscas en internet villancicos paganos de Yule, es posible que encuentres recursos de compañeros paganos que ya habrán hecho gran parte de este trabajo por ti.

Ah, la planificación...

Como cuando planificas cualquier ritual, comienza con lo básico, y después asegúrate de que todos los participantes estén al tanto del plan y de sus papeles dentro de él:

- ¿Cuál es el propósito del ritual? ¿Qué es lo que esperas conseguir?

- ¿Cuándo vas a celebrar el ritual? Escoge una fecha y una hora, y pregúntate si necesitas tener en cuenta algún momento especial.

- ¿Dónde vas a celebrar el ritual? ¿El tiempo atmosférico va a suponer un problema? ¿Vas a necesitar permisos especiales o preparaciones?

- ¿Quién va a participar? ¿Habrá niños presentes?

- ¿Cómo van a llegar allí los participantes? ¿Hay zonas para poder aparcar?

- ¿Qué papeles silenciosos o hablados va a haber en el ritual, y quiénes se encargarán de ellos? (Escribe la planificación por adelantado).

- ¿Hacen falta disfraces, atuendos especiales o algún objeto?

- ¿Va a haber música? ¿E instrumentos musicales?

- ¿Qué herramientas o suministros mágicos vais a necesitar?

- ¿Qué hay de los dulces y las bebidas? ¿Cuáles quieres que haya y quién se encargará de traerlos?

El papel de los diarios y cuadernos en un ritual

Los diarios y cuadernos son algo increíblemente valioso en las prácticas mágicas de todo tipo y, particularmente, para la realización de hechizos o rituales. Cuando estés planificando algún ritual, utiliza tu diario o tu cuaderno para anotar el plan y sus detalles, incluyendo las invocaciones, las oraciones, las llamadas elementales, las lecturas y otras partes guionizadas. Dibuja diagramas del lugar de tu ritual, la disposición del altar o cualquier otra composición que pueda resultarte útil recordar en un futuro. Tan pronto como puedas, después de haber terminado el ritual, utiliza tu cuaderno o tu diario para registrar tus sensaciones, tus sentimientos y los resultados de las oraciones o la adivinación; tus impresiones personales. Utilízalo también para evaluar cómo ha ido en términos prácticos. ¿Qué ha funcionado? ¿Qué no lo ha hecho? ¿Cambiarías o añadirías algo, o ha sido todo perfecto? Tomar notas de este tipo es oro puro a la hora de ayudarte a desarrollar un cofre del tesoro de prácticas rituales. Volver al cuaderno o al diario para leer tus propias percepciones te ayudará a llevar el control de tu propio crecimiento y desarrollo mágico.

A continuación, tienes una serie de rituales y celebraciones ya planificados. Están listos para ser utilizados pero, al igual que pasa con los hechizos, las invocaciones y otros elementos de este libro, puedes modificarlos para que encajen con tus propias necesidades, ¡o también puedes utilizar estas ideas para crear tus propias festividades desde cero!

Festividad ritual junto al fuego para cualquier número de personas

Si tienes la suerte de poseer una chimenea, utilízala: todo el mundo sabe que no hay una forma mejor de calentar un espacio habitado que con el fuego cálido y chisporroteante del hogar. Invita a tus amigos a una «noche junto al fuego». Una hoguera exterior también podría funcionar, dependiendo del tiempo atmosférico.

Aquí tienes algunas sugerencias para tu festividad junto al fuego:

- Cocinar la comida en el fuego y, después, contar historias junto a él. Pídele a cada invitado que venga con una historia ya preparada. Tal vez podrías ofrecer un pequeño regalo de Yule para la persona que haya contado la historia más votada.

- ¡Haz una noche de juegos festivos! Prepara uno o dos juegos para que todos puedan participar, y pide a los invitados que traigan aperitivos dulces o salados para compartir.

- Elige uno o dos elementos de artesanía que podáis hacer juntos en grupo. Todavía mejor: escoge uno que podáis utilizar para crear regalos para las festividades. Termina con chocolate caliente y galletas.

153

Ritual de fuego invernal para un practicante en solitario

Propósito:

Dar la bienvenida a la llegada del solsticio y el regreso del sol, y reflexionar sobre la naturaleza de este cambio y sus significados más profundos.

Momento:

Este ritual se realiza la víspera del Solsticio de Invierno y dura entre treinta y sesenta minutos. Puede extenderse fácilmente a una vigilia durante toda la noche si así lo deseas. Reúne todo lo que vayas a necesitar mientras todavía haya luz solar, y comienza el ritual después de que oscurezca.

Ambiente:

Si es posible, exterior. Si el tiempo atmosférico impide el trabajo a la intemperie, utiliza una chimenea de casa o una vela grande colocada sobre una superficie reflectante.

Las indicaciones que te damos aquí se corresponden con la tierra en el norte, el aire en el este y demás. Si tus correspondencias varían, ajústalas en concordancia.

Necesitas:

- Un pozo para hacer fuego, una barbacoa pequeña o una vela grande y alargada.
- Leña y materiales combustibles si vas a encender un fuego
- Cerillas y material de seguridad contra el fuego (una pala, un cubo de agua)
- Una campana o cascabeles

- Rollitos de papel en los que hayas escrito declaraciones o deseos para «entregar» al fuego (mira las preparaciones)
- Tu método de adivinación favorito
- Ofrendas para una deidad (esto es opcional; solo tienes que hacerlo si así lo deseas)
- Un farol o una lámpara de cabeza
- Una silla normal o de estilo campamento (colocada junto al fuego)
- Dulces y bebida (utilizando elementos propios de las fiestas)

Preparaciones antes del ritual:

Lavarse con jabón de incienso es la forma perfecta de purificarse y prepararse antes del ritual. Vístete con la ropa y los complementos que mejor te parezcan, pero ten cuidado de no utilizar túnicas o capas largas cerca de un fuego encendido.

Preparaciones:

Antes del ritual, coge unos trozos pequeños de papel y escribe cualquier cosa de la que te gustaría «liberarte» durante el ritual. La luz está regresando: ¿qué fragmentos de «oscuridad» deseas ofrecer al fuego y al sol que regresa?

Si vas a prender una hoguera, prepárala con cuidado antes de que comience tu ritual, y diséñala de modo que sea fácil de encender con una cerilla.

El ritual:

Después de que oscurezca, ve al sitio elegido, utilizando tan poca luz como sea posible. Pero ten cuidado: es mejor ponerte una lámpara de cabeza si la necesitas antes que caerte y romperte algo. ¡El sentido común es la clave! También podrías señalar el camino con unas cuantas luminarias bien espaciadas; la luz baja cerca del suelo mantendrá la oscuridad, y además son bonitas. Permanece en silencio mientras caminas.

Cuando llegues al sitio del ritual, repite las siguientes palabras de Victor Hugo:

«Para él parecía ser un ritual necesario prepararse para dormir meditando bajo la solemnidad del cielo nocturno... una misteriosa transacción entre el infinito del alma y el infinito del universo».

Nota: cambia los pronombres a conveniencia.

Comienza mirando al este. Es habitual, aunque no obligatorio, que levantes las manos hacia el elemento o hacia la dirección mientras hablas. Con tus propias palabras (que puedes escribir por adelantado o simplemente decirlas de forma espontánea en ese momento), habla con el elemento del aire y dale la bienvenida. Podrías hacer comentarios sobre la evanescencia del aire, la ligereza del ser, el despertar y la transformación. Detente durante un momento; escucha, siente y ábrete al este, y plantéate cuáles son los regalos que trae a tu vida. Aquí tienes una llamada direccional y elemental de muestra para el este:

Elemento del este,
lugar del aire, el aliento de la existencia,
eso que no podemos ver,
pero que nos llena de vida
e infunde en nosotros su inspiración,
ven ahora con nosotros.

Gira hacia la derecha para mirar al sur. Repite la misma bienvenida, pero esta vez mencionando las pasiones del fuego, el peso de la vida misma, la calidez de la lumbre del hogar y el regreso del sol que nos da la vida. Aquí tienes una llamada direccional y elemental de muestra para el sur:

Elemento del sur,
lugar del fuego, calor de la sangre del corazón
que fluye a través de nosotros,
que nos llena de pasión
e infunde en nosotros el calor que da la vida,
ven ahora con nosotros.

Gira hacia la derecha otra vez, para mirar al oeste. Repite la misma bienvenida, pero esta vez mencionando el intranquilo y transformativo movimiento del agua convirtiéndose en hielo invernal y nieve, y su forma de moverse, siempre buscando nuevos caminos. Aquí tienes una llamada direccional y elemental de muestra para el oeste:

Elemento del oeste,
lugar del agua, el movimiento
que constantemente cambia y se transforma,
nutriendo la creatividad
y regalándonos su frescor,
ven ahora con nosotros.

Finalmente, gira hacia el norte, la dirección otorgada al elemento de la tierra y al invierno. Habla de los desafíos, de los finales y los comienzos, de la muerte y el nacimiento, y de la eternidad. Menciona los regalos de la tierra, y la esperanza de volver a recibirlos durante el próximo año. Aquí tienes una llamada direccional y elemental de muestra para el norte:

Elemento del norte,
lugar de la tierra, lugar de nacimiento,
feroz tierra invernal de hielo y frío,
finales y comienzos

que siempre nos llaman a casa,
ven ahora con nosotros.

Ahora detente, recuéstate en tu silla y cruza los brazos por encima del pecho. Trata de ocupar el menor espacio posible. Concéntrate en sentir la oscuridad y el frío. Si lo deseas, reza o medita en este punto. También puedes emplear este momento para invitar a las deidades que hayas escogido a que se unan a ti en el espacio ritual (y recuerda: invítalas siempre, no exijas nunca).

Cuando estés preparado, ponte en pie, mira hacia la hoguera y enciende el fuego (o su sustituto). Cuando comience a arder, rodéalo en el sentido de las agujas del reloj, repitiendo este cántico:

Sabiduría del Yule,
alegría del Yule,
espíritu del invierno,
¡sed bienvenidos!

También puedes decidir cantar un villancico invernal, o una canción diferente si así lo deseas. Continúa rodeando el fuego en círculo y cantando, haciendo sonar la campana mientras tanto. Cuando el fuego (¡o tú!) parezca haber llegado a su punto álgido, detente, concéntrate durante un momento en sentir su calidez y en lo diferente que sientes esa energía en comparación con el frío que sentías hace unos momentos en la silla. Siente tu calidez e imagina la sangre de la vida corriendo por tus venas. Levanta los brazos primero en dirección al fuego, y después hacia el cielo. Mientras estabas en la silla, convirtiéndote en una bola, eras como la tierra: fría y durmiente. Ahora eres el sol que regresa, ¡con un calor y una energía inagotables!

Coge los papeles y lánzalos al fuego uno por uno, diciendo por cada uno de ellos: «¡Te libero a la luz que regresa!». Mientras lo haces, piensa intensamente en lo que estás soltando, visualizando la separación, y piensa en lo que eso significa para ti.

Si has invitado a deidades al fuego, ahora sería un buen momento para entrar en comunión con ellas y hacer cualquier trabajo que tengas que hacer.

Antes de que el fuego comience a extinguirse, escoge tu herramienta de adivinación favorita y haz una lectura rápida. Algunas personas utilizan los resultados a modo de evaluación de lo efectivo que ha sido el ritual. Si la lectura queda «escasa», convocan un poco más de energía, o tal vez añaden una nueva llamada a una deidad, y después repiten la lectura para ver si ahora es más favorable. Otros utilizan esta oportunidad para hacer una lectura sobre la temporada tras el solsticio que está por llegar, para ver lo que les espera en el nuevo ciclo.

Mientras el fuego comienza a extinguirse, siéntate en tu silla y disfruta de la comida y la bebida con una sensación de paz y gratitud. Siéntate junto al fuego hasta que se haya convertido en brasas. Si utilizas velas, siéntate durante todo el tiempo que quieras.

Completa tu ritual con una declaración de agradecimiento o gratitud. «Libera» a los elementos, trabajando en el sentido contrario al de las agujas del reloj: del norte al oeste, al sur y al este; dando las gracias a las fuerzas en cada momento. Aquí tienes una liberación direccional elemental de muestra:

Elemento del [nombre de la dirección],
te doy las gracias por tu presencia aquí.
Por favor, vete en paz, como yo lo haré.

Lo ideal sería no verter agua sobre el fuego; debería extinguirse de forma natural. ¡No lo dejes sin vigilancia! Una opción intermedia es utilizar una pala para esparcir ligeramente las brasas y cubrirlas de tierra o de cenizas, trabajando en el sentido de las agujas del reloj alrededor de la hoguera, hasta que ya no haya brasas visibles, y solo entonces rocía la zona con agua. Si utilizas velas, pellizca la mecha con un dedo húmedo o utiliza un apagador; nunca soples para apagarlas.

Variación: si tienes un espíritu intrépido y eres capaz de quedarte sin dormir durante toda la noche, podrías probar a hacer una vigilia junto al fuego. Hacer una vigilia significa sentarte junto al fuego a lo largo de la noche y esperar a que amanezca el sol del solsticio de invierno. Si tienes planeado hacer esto, vas a necesitar más comida y mucha más leña; y asegúrate de añadir una buena cantidad de mantas o un saco de dormir. Mientras haces la vigilia, puedes escribir en tu cuaderno o diario, leer, hacer un trabajo de adivinación, o simplemente sentarte con tus pensamientos. Saluda al amanecer del invierno con canciones y vítores, y después regálate un desayuno completo (¡y una siesta!).

Variación: utiliza la parte contemplativa de tu ritual para escribir objetivos o resoluciones para el próximo año.

Variación: esto podría convertirse fácilmente en un ritual en grupo, haciendo que personas diferentes realicen las llamadas elementales, conduzcan la invocación de energía, inviten a las deidades, etc.

Ritual invernal del tronco de Yule para dos personas

El ritual del tronco de Yule es una forma estupenda de hacer una celebración para dos personas, ya sean cónyuges, amigos o una pareja. Es formal y al mismo tiempo informal, una parte muy representativa de la estación, y sencillamente acogedora.

Propósito:

Honrar el Solsticio de Invierno y la tradición del tronco de Yule, que se dice que trae suerte, otorga protección y ayuda a la percepción.

Momento:

El tronco de Yule se quema tradicionalmente la víspera del solsticio, pero este ritual se puede realizar fácilmente en cualquier momento durante la temporada invernal. Será más efectivo por la noche.

Necesitas:

– Jabón de una planta de hoja perenne (o incienso)
– Un tronco de Yule. Tu tronco de Yule puede ser un tronco de verdad (de roble, si es posible), o puede ser un trozo de madera diseñado para este propósito. Asegúrate de que se trate de madera seca y envejecida, y piensa en cuánto tiempo quieres que arda. Si no tienes forma de conseguir un tronco de verdad, puedes plantearte utilizar uno de esos troncos de chimenea que duran tres horas. Un tronco pequeño te durará lo suficiente como para realizar un ritual corto de noche. Si quieres que el tronco arda durante toda la noche, necesitas que sea bien grande, y también te hará falta más leña pequeña para ayudarte a encenderlo.
– Una chimenea (si quieres estar dentro) o un pozo para hacer fuego o una barbacoa pequeña (para hacer el ritual en el exterior)
– Cerillas y material de seguridad contra el fuego
– Una navaja de bolsillo
– Rotuladores permanentes
– Trozos de papel de colores
– Cordel
– Lazos rojos
– Tijeras
– Ramitos o trozos podados de plantas de hoja perenne
– Aceites esenciales
– Una libación (cerveza tipo *ale*, hidromiel o whisky)
– Dos bellotas (o representaciones de papel)

- Dos copas
- Dulces y bebida (utilizando elementos propios de las fiestas)

Preparaciones antes del ritual:

Lávate con un jabón de aroma a alguna planta de hoja perenne, o usa incienso de una de estas plantas para purificarte antes del ritual. Vístete de forma informal y ponte joyas mágicas (vas a trabajar con madera y cuchillos, así que no es el mejor momento para ponerte un atuendo ritual o mangas anchas).

Podad el tronco para que quepa en la chimenea, y colocad todos los demás materiales cerca de la chimenea. Memorizad las partes que tengáis que leer o escribidlas con un rotulador permanente en tarjetas (para que sean fáciles de leer en la oscuridad).

Pensad por adelantado en las cosas de las que os gustaría deshaceros y en los objetivos que tenéis para el próximo año. Haced una lista que podáis leer durante el ritual.

El ritual:

El ritual comienza con los dos transportando juntos el tronco (cada uno sujetando un extremo) y colocándolo frente a la chimenea. Mientras lo hacéis, decid:

La Rueda gira y gira, y entonces,
nosotros giramos la rueda una vez más.

Trabajando juntos, adornad el tronco. Seguid las ideas del capítulo de *Recetas y artesanía* para tallar una imagen de la Cailleach, añadir otras inscripciones o pegarles deseos y lazos. Tal vez queráis ungir el tronco con aceites esenciales y atar ramitos de plantas de hoja perenne, pidiendo la protección de los árboles de este tipo. Trabajad juntos, hablando mientras lo hacéis, compartiendo ideas y recordando historias de inviernos pasados.

Todo esto es parte del ritual. Terminad con un chorro de *ale* o de whisky; una ofrenda para el espíritu que hay dentro del tronco.

Cuando hayáis terminado, colocad el tronco en su sitio y encended un fuego pequeño a su alrededor. El propósito del fuego pequeño es prender el tronco grande. Los dos juntos deberíais recitar en voz alta la historia tradicional del tronco de Yule. Después, apagad todas las luces de la habitación y sentaos juntos y en silencio en la oscuridad, cada uno contemplando el último año de calendario (los desafíos así como los buenos momentos), imaginando cada uno lo que deseáis para el próximo año.

Cuando estéis preparados, encended el fuego juntos (si queréis que sea verdaderamente genial, podéis utilizar pedernal y yesca o cualquier otra técnica sin cerillas). Mientras comienza a arder, lanzad dentro más ramitos de plantas de hoja perenne secas y decid adiós al año viejo. Vuestra despedida puede ser una combinación de agradecimiento y aprecio, así como un rechazo a los viejos hábitos o los dolores personales. Turnaos para ofrecer vuestras despedidas, alimentando al pequeño fuego con madera mientras crece y coge fuerza.

En cuanto el propio tronco de Yule comience a arder, es el momento de contemplar el año que tenéis por delante y el poder de las posibilidades. Observad mientras vuestras tallas y ofrendas se queman, imaginando cómo vuestros deseos ascienden hasta el cielo. Decid en voz alta:

Mientras ardes, nuestros pensamientos se liberan.
Nosotros también lo haremos, ¡que así sea!

Lanzad las bellotas al fuego para representar el año que está por delante, y hablad en voz alta de vuestros planes, deseos, resoluciones y esperanzas. Disfrutad de un periodo de adivinación silenciosa con el fuego, buscando los misterios que podáis encontrar entre las llamas.

Servíos dos copas de la bebida y brindad por el año que llega y por vosotros. Si os apetece, cantad una canción frente al tronco ardiente. El villancico tradicional *Deck the Halls* se utiliza mucho porque menciona el solsticio, el cambio en el año solar y el tronco de Yule. Disfrutad de los dulces y la bebida.

Si es posible, dejad que el tronco de Yule arda hasta convertirse en unos pedazos de madera chamuscada y cenizas. Dependiendo del tiempo que tengáis, podéis terminar el ritual mucho antes de que el tronco se apague. Si tenéis planeado sentaros con el tronco durante la noche, subid las luces un poco y pasadlo bien contando historias o jugando a juegos de mesa. Siguiendo una tradición antigua, guardad los restos del fuego y utilizadlos para encender el fuego del tronco de Yule del año que viene.

Variación: también podéis intercambiar regalos como parte de la ceremonia. Podéis daros regalos que representen de forma específica el próximo año de alguna manera.

Ritual de Yule: el regreso de la luz para un grupo o una familia

Este ritual está dirigido a honrar el regreso del sol. Es simple, pero al mismo tiempo significativo, y puede realizarse tanto en el interior como en el exterior; un punto positivo cuando el tiempo es desapacible.

Propósito:

Dar la bienvenida al regreso de la luz y concentraros en el espíritu de la estación.

Ambiente:

Esto se puede hacer en cualquier momento durante la temporada invernal. Será especialmente efectivo en la víspera del solsticio. Está diseñado para realizarse en el interior.

Necesitas:

- Una mesa grande (o dos o tres mesas pequeñas)
- Una vela blanca para cada miembro del grupo o de la familia
- Una «vela solar» más grande, de color amarillo o dorado
- Un portavelas para cada vela
- Un espejo grande (o varios espejos) sobre los que hay que colocar las velas
- Cerillas
- Dos cestas grandes o cajas decorativas
- Un apagador de velas
- Varias agujas de coser grandes
- Rotuladores permanentes negros
- Toallitas de papel
- Varias decoraciones de temática festiva, como bolas de cristal blancas o doradas, figuras invernales o trozos de lazo blanco, dorado o rojo
- Una fuente de luz (si estáis en el exterior)
- Dulces y bebida (propios de las fiestas)

Preparación antes del ritual:

Los participantes deben purificarse utilizando sus métodos favoritos. El atuendo puede ser libre, o se puede pedir a los participantes que lleven un cierto tipo de ropa, un color específico, etc. Todos deberían tener cuidado de no llevar mangas anchas que puedan prenderse con el fuego cuando estéis trabajando alrededor de múltiples velas.

Preparad un altar colocando la mesa en el centro del espacio ritual, dejando suficiente espacio para que los participantes la rodeen con facilidad y se muevan a su alrededor. Coloca el espejo en el centro de la mesa. Después, deja la vela dorada sobre el espejo, y las cerillas y el apagador a un lado. Coloca las agujas, los rotuladores y las velas blancas dentro de una cesta o una caja decorativa, y pon las decoraciones festivas dentro de la segunda cesta o caja. Dejad ambas a un lado.

Repartid de forma individual las partes habladas o las acciones. Cada persona debería prepararse estudiando la historia del Yule para compartir algún conocimiento del Yule durante el ritual. Cada persona debería traer dos o más decoraciones festivas para la mesa. Pueden ser bolas de cristal (en especial si son doradas), figuritas de invierno, estatuas apropiadas de las deidades, o cualquier otra cosa relacionada con el solsticio y con el sol. Evitad las decoraciones de papel cerca de las llamas de las velas.

Cada persona debería traer un regalo pequeño y barato envuelto. Si tiene que haber una «temática» especial para estos regalos, los participantes deberían saberlo por adelantado. Estos regalos tendrían que ser apropiados para todos los participantes, con independencia de la edad y el género.

Los participantes tendrán la oportunidad de ofrecer durante el ritual oraciones personales, peticiones, etc.; asegúrate de que todos lo sepan por adelantado. También puedes invitar a los participantes a traer alguna delicia festiva para combinar con los dulces y las bebidas. Tened en cuenta las necesidades dietéticas específicas que pueda haber dentro del grupo.

El ritual:

Reuníos todos lejos del sitio del ritual y caminad hacia allí cantando algún villancico propio de las fiestas. Elige alguno que pueda funcionar para el Yule pagano; seguro que encuentras ideas en internet. Los participantes tendrán que llevar sus regalos envueltos. Cuando lleguen al sitio del ritual, tendrán que colocarse en círculo alrededor de la mesa y dejar sus regalos debajo de ella.

Uno de los participantes deberá ofrecer una invocación para el sol. Cuando haya terminado, todos tendréis que decir: «¡Bienvenido, sol!».

Un participante dirá: «Unámonos todos y preparemos luces gloriosas para atraer el regreso del sol».

En este momento, los participantes comienzan a decorar las velas. Cada persona tendrá que utilizar las agujas de coser para grabar símbolos, sigilos o palabras en su vela. (Para que sea más divertido, podéis trabajar con alfabetos mágicos: puedes proporcionar hojas de alfabetos a los participantes para que los usen). También pueden grabar simplemente unas imágenes del sol y de sus rayos. Anímalos a que lo hagan de forma ornamentada, con muchos diseños, adornos, etc. Los participantes pueden observar cómo trabajan los demás y coger ideas sobre la marcha. Esto debería llevar una buena cantidad de tiempo, y no puede hacerse con prisas: este aspecto creativo del ritual es muy importante, porque las energías de todos están dedicadas al regreso del sol.

Cuando terminéis de grabar vuestras velas, cada participante deberá utilizar un rotulador permanente para colorear encima de lo que hayan tallado, que se llenará de la tinta del rotulador y, después, usar toallitas de papel para eliminar el exceso de tinta. Ahora los grabados estarán listos. Pide a los participantes que coloquen sus velas en sus candelabros (si es necesario) y que los dispongan alrededor de los bordes del espejo.

A continuación, todos tendréis que colaborar para decorar y tallar la vela solar. Trabajando por turnos, cada persona tendrá que acercarse a la mesa, hacer alguna clase de marca o diseño en la vela, y grabar su propio nombre. Cuando cada persona termine, tendrá que sostener la vela en alto y explicarle al grupo los diseños que ha añadido. Después, le ofrecerá la vela a la siguiente persona, que tendrá que acercarse y repetir el proceso.

Cuando la última persona haya terminado de decorar la vela solar, deberá ponerla en un candelabro y colocarla sobre el espejo, en el centro de todas las demás.

Un participante dirá: «Unámonos todos y preparemos bonitas decoraciones para atraer el regreso del sol».

Acercaos todos a la mesa y cooperad, añadid decoraciones de la segunda cesta: bolas, figuritas, lazos o cualquier otra cosa que tengáis a mano. Así, convertiréis la mesa en un espacio maravilloso y festivo. La disposición de las velas ahora representa el deslumbrante potencial del sol naciente.

Una persona tendrá que decir lo siguiente: «Nos unimos esta noche para honrar la tradición del Solsticio de Invierno como festividad solar, y para dar la bienvenida al regreso del sol».

En ese momento, apagad las luces y quedaos de pie en la oscuridad durante unos momentos.

Mientras los demás siguen a oscuras, una persona dirá lo siguiente: «Sentimos la oscuridad en este momento del año. Los días son cortos, el sol está bajo y las noches son largas. Los árboles se quedan desnudos, y los animales duermen debajo de la nieve. Sentimos el frío y echamos de menos la calidez del sol que nos da la vida. Reconocemos el peligro del invierno. El mundo se queda en silencio, y cada día y cada noche contemplamos la importancia del sol para toda la vida. ¡Soñamos con la calidez, anhelamos el fin de las largas noches y el renacimiento del sol que nos da la vida!».

La persona más joven presente debería entonces encender la vela solar (con ayuda, si es que el participante es un niño).

Mientras la vela solar se enciende, un participante dirá: «Admirad la luz. Permanezcamos en silencio ante su presencia mientras contemplamos este regalo».

Esperad todos en silencio.

Un participante leerá en voz alta una versión de «El cuervo, portador de la luz». Puedes encontrar en el capítulo de *Tradiciones modernas* una versión de este cuento tradicional.

Moviéndoos alrededor del círculo en el sentido de las agujas del reloj, cada individuo deberá acercarse a la mesa, encender su propia vela a partir de la vela solar, y colocar su vela otra vez en su sitio. Cuando cada uno encienda su vela, todos tendréis que decir: «La luz regresa de nuevo».

Cuando todas las velas estén encendidas, los participantes unirán las manos y caminarán alrededor de la mesa en el sentido de las agujas del reloj, cantando un villancico festivo alegre para invocar energía. Podéis continuar con esto tanto tiempo como deseéis; una persona deberá responsabilizarse de ponerle fin.

En este momento, cualquiera que lo desee podrá ofrecer oraciones, peticiones o bendiciones espontáneas.

Un participante dirá: «¡Que el sol que regresa comparta ahora nuestra alegría!».

Y ahora, ¡comienza la diversión! Los participantes pueden sentarse en el suelo o en sillas durante esta parte del ritual. Trabajando en el sentido de las agujas del reloj, y comenzando con la persona de más edad presente, cada participante tendrá que compartir, por turnos, algo de conocimiento sobre el Yule o el solsticio, contar una historia, describir una práctica tradicional, etc. Cuando cada persona termine, tendrá que coger uno de los regalos de debajo de la mesa. Cuando hayáis sacado todos los regalos, la persona que comparte algún conocimiento puede intercambiar su regalo con cualquier otra persona del grupo, ¡y tendréis que hacerlo con mucha diversión! Continuad con esto hasta que nadie tenga nada más que ofrecer, o hasta que haya pasado el tiempo suficiente. Designad a una persona para que determine cuándo debería terminar el intercambio de regalos, o predeterminad el número de «rondas» para el juego de andróminas.

Ahora, todos tendrán que abrir sus regalos y disfrutar de la fiesta. Compartid los dulces y la bebida, y dejad las velas ardiendo para reflejar la alegría por el regreso del sol.

Para terminar, todos tendréis que unir las manos y cantar una canción. Podéis adaptar los villancicos navideños para que encajen con el Yule, por ejemplo, cambiando la palabra «Navidad» por «Yule». Deberéis cantarla para poner fin al ritual.

Cada participante, moviéndose en el sentido de las agujas del reloj, se acercará a la mesa y extinguirá su vela con el apagador. Un participante recibirá el honor de extinguir la vela solar. Mientras lo hace, todos deben repetir: «Ve en paz».

Ahora, el ritual ya está completo. Los participantes pueden continuar con la visita y disfrutar de la velada y de sus regalos, y cada uno se llevará su propia vela blanca a casa al final de la noche.

Variación: en lugar de traer regalos de verdad, los participantes pueden elegir una palabra o una frase (por ejemplo, «amor», «prosperidad», «amabilidad de los extraños» o «luz en la oscuridad», registrarla en un papel pequeño y guardar este en una cajita de regalo pequeña.

Variación: con algunas modificaciones, este ritual puede hacerse en el exterior, ¡y será maravilloso en una noche clara y con estrellas!

Y aquí concluye este libro, que, como todas las cosas, tiene un fin. ¡Que tengas un buen Yule y un dichoso regreso del sol!

CORRESPONDENCIAS PARA EL YULE

Concentración espiritual y palabras clave

Búsqueda de significado
Ciclos
Comienzos
Compasión
Desafío
Eternidad
Finales
Gratitud
Introspección
Nacimiento
Renacimiento
Restauración
Sabiduría
Sacrificio
Silencio
Sueño

Concentración mágica y acciones sugeridas

Adivinación y presagios
Banquetes («¡comed, bebed y sed felices!»)
Celebración en comunidad
Contemplación e introspección

Elaborar herramientas
Escribir un diario
Estudio
Evaluación
Examinar las situaciones
Hibernación (entrar en «sincronía» con la oscuridad)
Meditación
Reflexión
Rituales profundos
Trabajo de sanación
Vigilia, retiro personal

Momentos astrológicos

No se conocen con claridad los orígenes de la palabra «Yule», pero a menudo se relaciona con el significado de «rueda» por su semejanza fonética con la palabra inglesa *wheel*. Esto puede referirse al giro de las estaciones, el movimiento circular del sol o las ruedas del carruaje de Odín. En su origen, «Yule» era un término wiccano, pero actualmente se utiliza ampliamente por parte de la comunidad pagana en general para describir las festividades de invierno que ocurren en el momento del solsticio de invierno astronómico o a su alrededor.

A nivel astronómico, el solsticio de invierno representa la noche más larga y el día más corto del hemisferio norte, y tiene lugar entre el 21 y el 22 de diciembre. El solsticio de invierno tiene lugar en el hemisferio norte cuando el sol alcanza su punto negativo más alto sobre el polo norte, en relación con el solsticio de verano. Para los que lo ven desde la Tierra, el sol del solsticio de invierno se eleva hasta su punto más alto en el cielo de mediodía y, como su arco es tan bajo, parece detenerse. La palabra «solsticio» viene de una raíz latina con el significado de «sol inmóvil» o «el sol se queda quieto».

A nivel astrológico, el solsticio de invierno se corresponde con el movimiento del sol en el signo astrológico de Capricornio.

Arquetipos

Deidades y héroes

DIOSES

Baco (romano; a menudo conectado con el invierno a través de los banquetes y la bebida)

Hodhr (también conocido como Hod, Hoder, Hodur; nórdico)

Saturno o Saturnus (romano; Señor de Capricornio)

SERES MÁGICOS

Cert (también conocido como Krampus)

Dilis Varsvlavi (mitos georgianos)

Elfos

Gawain el Caballero Verde (leyenda artúrica)

El Hombre Verde

El Rey del Acebo, que se dice que cae derrotado ante el Rey del Roble en el Solsticio de Invierno

Karkantzaros (griego)

Knecht Ruprecht (alemán)

Lucka (bohemia)

la Lutzelfrau (alemana)

la Pelznichol, Perchta (también conocida como Bertha, alemana)

Samichlaus (suizo)

el Stallo (sami)

Tomten (también conocido como *Nisse* y *Tonttu*, escandinavos)

Weihnachtsmann (alemán, «el hombre de los regalos»: ¡Papá Noel!)

Sitios arqueo-astronómicos

Almendres Cromlech (Portugal)

Cañón de Chaco (Nuevo México, Estados Unidos)

Chichen Itza (México, península del Yucatán)

Círculo de Goseck (Alemania)

Glastonbury (Gran Bretaña)

Isla de Pascua (Polinesia)

Kastelli jätinkirkko (Finlandia)

Machu Picchu (Perú)
Newgrange (Irlanda; parte del complejo Brú na Bóinne)
Stonehenge (Gran Bretaña)
Tikal (Guatemala)
Túmulos de Cahokia (Missouri, Estados Unidos)

Colores

Blanco: Calma, la «limpieza» de la paz de la nieve, protección, silencio.

Dorado: Regalos, prosperidad, riqueza, energía solar; está asociado con dioses, reyes y la realeza.

Rojo: Vitalidad, fuego (interno y externo), fuerza vital; asociado con las bayas de acebo y las flores de Pascua, plantas que prosperan durante el invierno.

Verde: Abundancia, vida, las plantas de hoja perenne vivas que prosperan durante el invierno, nuevos comienzos, riqueza.

Hierbas y especias:

Azafrán: emoción intensa, pasión, prosperidad, sensibilidad, riqueza.

Canela: acceso a los reinos astral y espiritual, autoridad, intuición, poderes psíquicos, fuerza.

Cardamomo: adivinación, intuición, misticismo, poderes psíquicos.

Clavo: atracción, autoridad, adivinación, sanación, poder, protección, poderes psíquicos, purificación.

Hiedra: nacimiento, intuición, renacimiento, renovación, transformación, vitalidad

Menta: calma, adivinación, intuición, poderes psíquicos, relajación.

Muérdago: sanación, paz, prosperidad, protección, descanso; también se cree que es afrodisíaco.

Nuez moscada: alerta, conciencia, inspiración, inteligencia, intuición.

Romero: alerta, destierro, adivinación, sanación, claridad mental, protección física y psíquica, fuerza.

Salvia (culinaria): calma, concentración, confianza, adivinación, salud y sanación, protección, satisfacción.

Árboles

Abeto: calma, consuelo, guardianes, reyes, intuición, protección.

Acebo: suerte, protección, reconciliación, fuerza, tejido de redes, sabiduría, deseos.

Cedro: destierro, valor, determinación, disciplina, sanación, longevidad, prosperidad, purificación.

Pacana: abundancia, longevidad, prosperidad, éxito.

Pícea: adaptabilidad, claridad, enraizamiento, perseverancia, protección, fuerza.

Pino: fertilidad, salud y sanación, prosperidad, protección.

Plantas de hoja perenne: símbolo natural del renacimiento y la resurrección, y de la vida eterna.

Flores

Flor de Pascua: equilibrio de chakras, potenciación de la energía.

Rosa de Navidad: abundancia, longevidad, prosperidad, éxito.

Cristales y piedras

Circonia: calma, sanación.

Ónice: equilibrio entre la energía física y la espiritual, enraizamiento, protección.

Tanzanita: dispersa la negatividad, alivia la depresión, claridad mental.

Turquesa: alegría, sanación, poder, protección.

Metales

Oro: autoridad, creatividad, fortuna, esperanza, energías solares y masculinas, éxito, riqueza.

Plomo: destierro, concentración, correspondencias de tierra, enraizamiento, perseverancia, protección, estabilidad.

Animales, tótems y criaturas míticas

Caballo: es sagrado para muchas culturas y está relacionado con un ritual conocido como *Hoodening,* en el que un hombre disfrazado de caballo va de puerta en puerta y recoge dinero a cambio de entretenimiento.

Cerdos: a menudo se ven en las mesas de los banquetes. Los cerdos son muy inteligentes y se veneran desde hace mucho como animales poderosos y sagrados. Los antiguos celtas creían que los cerdos eran un regalo sagrado desde el otro mundo. El dios nórdico de la luz solar, Frey, recorre el cielo sobre el lomo de un becerro dorado, *Gulli-burstin,* cuyas cerdas puntiagudas se parecían a los rayos del sol.

Cuervo: muchas tradiciones aborígenes los consideraban al mismo tiempo embaucadores y portadores de la luz, y por lo tanto están profundamente asociados con el Solsticio de Invierno.

Oso: el oso que hiberna se venera como el símbolo del invierno encarnado, dado que cuando los osos emergen de su periodo de hibernación invernal, la luz y la vida han regresado claramente a la tierra.

Renos y ciervos: símbolos del Dios del Bosque y el Dios Cornudo, es decir, el que reina durante el invierno. Una cierva blanca es sinónimo de la figura materna o una diosa madre.

Reno volador: ¡el poderoso venado con el poder de volar!

Vacas y bueyes: símbolos importantes de la comida y la riqueza. El periodo alrededor del Solsticio de Invierno es la época tradicional para el sacrificio de las reses, cuando se seleccionan animales para la matanza.

Cambios y adaptaciones que demuestran los animales en invierno: camuflaje, hibernación, migración, pelaje que se espesa, letargo. Estos cambios demuestran resistencia y autoconservación.

Disfraces: en muchas culturas hay tradición de disfrazarse de animales. Esto permitía a los humanos aborígenes honrar a las criaturas totémicas y representar la idea del sacrificio al emparentarse de forma simbólica con los animales que los habían mantenido durante el invierno. Las procesiones de personas disfrazadas de animales acabaron llegando hasta los rituales de invierno de muchas culturas. Los disfraces todavía continúan hasta hoy en día, a menudo junto a las obras de *mumming* y la danza Morris.

Aromas para aceites, inciensos, mezclas de aromas o para hacer que floten en el aire

Canela
Cardamomo
Clavo
Humo de madera
Incienso de la planta Boswellia
Mirra
Plantas de hoja perenne (abeto, pino, pícea y cedro)

Claves del tarot

El Ermitaño
El Mago
El Mundo
Pentáculos

Símbolos y herramientas:

Árboles: tenacidad, fuerza, sabiduría, resistencia, conocimiento, regeneración.

Caldero: percepción profunda, movimiento psíquico, intuición, autoconocimiento, creación, manifestación.

Coronas vegetales: el círculo infinito, espacio mágico o sagrado, comunidad, celebración.

Luz: renacimiento, renovación, energía, regreso del sol, inspiración, iniciación.

Madre e hijo: ciclos del nacimiento y la vida que describen el giro de la rueda estacional, regeneración, fertilidad, familia.

Oscuridad: tranquilidad, soledad, exploración, revelación de lo desconocido.

Plantas de hoja perenne: tenacidad, fuerza, renacimiento, ciclo de la vida, fertilidad, fidelidad, purificación (especialmente en el caso del cedro).

Tronco de Yule: limpieza, bendición, encarnación del invierno, el frío o la muerte, augurios, suerte.

Comidas

Bûche de Nöel (asados de carne y pollo)
Frutas cítricas
Pastelería horneada en casa
Tarta de frutas
Tubérculos gratinados, en puré o asados (patatas, nabas, nabos, chirivías, boniatos)

Bebidas

Bebidas a base de café caliente
Chocolate caliente
Cóctel Tom y Jerry
Glögg
Ponche con especias
Ponche de huevo
Ponche *toddy* (agua hirviendo, limón, miel, alcohol y una rama de canela)

Ron caliente con mantequilla
Té
Vinagre bebible
Vino especiado

Actividades y tradiciones para practicar

Decorar el hogar, preparar y dar regalos, hacer pasteles, asistir a actuaciones y conciertos en directo (lo tradicional son las obras de *mumming* y la danza Morris), ver la lluvia de estrellas de Géminis (entre el 12 y el 14 de diciembre), entretenerse con juegos, cantar villancicos, hacer fogatas y hogueras, contar historias, tocar campanas, dar el primer paso de Año Nuevo y cualquier variedad de ritual (en solitario o en compañía) y «gran celebración».

Actos de servicio

Alimentar a los pájaros y animales salvajes (siempre siguiendo prácticas sostenibles).
Ayudar a los menos afortunados.
Enviar paquetes al personal militar en el extranjero.
Regalar ropa de abrigo para los más necesitados.
Trabajar en bancos de alimentos y comedores sociales.

Nombres alternativos del Yule en otras tradiciones paganas

Alban Aretha («druida» según los escritos de Iola Morganwyg; aunque se ha descubierto que muchos de los trabajos de Morganwyg los creó él mismo, hoy todavía muchos siguen sus enseñanzas)
Festival *Dongzhi* (22 de diciembre, China y otros países asiáticos)
Goru (21 de diciembre, República de Malí)
Inti Raymi (21-24 de junio, Perú)
Midvinterblot (21 de diciembre, nórdico)
Midwinter («Mitad del invierno», anglosajón)

Natalis Sol Invictus («Nacimiento del Sol Inconquistable», 21 de diciembre, etrusco/romano)
Solsticio de diciembre (se utiliza para diferenciar el significado del Solsticio de Invierno en los hemisferios norte y sur)
Solsticio de invierno (21-22 de diciembre, señala la noche más larga y el día más corto en el hemisferio norte)
Soyal (21 de diciembre, pueblos zuñi y hopi)
We Tripantu (21-24 de junio, Chile)
Winternights («Noches de invierno»)
Yalda (21 de diciembre, Irán)
Yulefest, Yuletide
Ziemassvētki (22 de diciembre, antigua Letonia)

Festividades o tradiciones que ocurren durante el Yule en el hemisferio norte:

RELIGIOSAS
Brumalia (a menudo comenzaba a finales de noviembre y se prolongaba hasta enero)
Saṅghamittā (primera luna llena de diciembre, Sri Lanka)
Chalica (primera semana de diciembre, unitarios universalistas)
Día de Santa Bárbara (4 de diciembre, cristiana; antes era solo una festividad promocionada por la Iglesia, pero hoy en día se celebra en muchas tradiciones)
Adviento (cristiana; la fecha varía, pero incluye los cuatro domingos antes de Navidad)
Hannukah/Janucá (fecha variable, judía)
Día de San Nicolás (6 de diciembre)
Día de Bodhi (8 de diciembre, iluminación de Buda)
Nuestra Señora de Guadalupe (12 de diciembre, mexicana)
Día de Santa Lucía (13 de diciembre, sueca)
Las Posadas (16-24 de diciembre, mexicana)
Saturnalia (17-23 de diciembre, romana)
Koruchan (21 de diciembre, eslava/europea del este)

Pancha Ganapati (21-25 de diciembre, hindúes de Estados Unidos)

Koliada (también conocida como *Koleda*; viene de la antigüedad, pero hoy en día se celebra alrededor del 24 de diciembre en los países eslavos modernos)

Navidad (25 de diciembre)

Noche de la Madre o *Modranicht* (27 de diciembre, sajona)

Twelvetide (Doce Días de Navidad)

Duodécima Noche (la noche del 5 de enero)

Epifanía (6 de enero)

PROFANAS

Deuorius Riuri (antigua Galia)

Krampusnacht (6 de diciembre, Europa alpina)

Festín de los Locos (en momentos variables comenzando a mitad de diciembre; consiste en salvajes fiestas comunitarias; surgió en la Europa medieval alrededor de la época del Solsticio de Invierno)

Quema de los Relojes (21-22 de diciembre; Brighton, Reino Unido)

Festivus (23 de diciembre, Estados Unidos)

Kwanzaa (26 de diciembre, festividad panafricana que se celebra en Norteamérica)

Boxing Day (26 de diciembre, se llama así porque ese día era tradicional regalar cajas [*boxes*] de regalos a los pobres o a los sirvientes, o recoger limosnas en cajas en las iglesias; Reino Unido, Australia, Canadá y Nueva Zelanda)

Junkanoo (26 de diciembre, países caribeños)

Lá an Dreoilín (26 de diciembre, Irlanda, Isla de Man y Wales)

Watch Night (Noche de Vigilancia, 31 de diciembre)

Hogmanay y «primer paso» (entre la noche del 31 de diciembre y el amanecer del 1 de enero; Escocia)

Nochevieja y Año Nuevo (31 de diciembre y 1 de enero)

Distaff Day/Roc Day («Día de la Rueca», 7 de enero; naciones europeas)

Festividades o tradiciones que ocurren
durante el Yule en el hemisferio sur:

RELIGIOSAS
Vestalia, el Festival de Vesta (7-15 de junio)
Día de San Albano (20-22 de junio)
Gwyl o Cerridwen (Festín de Cerridwen, brujería galesa moderna,
13 de julio)

PROFANAS
Fête de la Musique (Día Mundial de la Música, 21 de junio)
Día del Indio (24 de junio, Perú)
Día de Canadá (1 de julio)
Día de la Independencia de Estados Unidos (4 de julio)
Día de la Bastilla (14 de julio)

MÁS LECTURAS

Libros

Campbell, Joseph. *The Hero with a Thousand Faces*. Princeton, Nueva Jersey: Princeton University Press, 1972.

Edwards, Carolyn McVickar. *The Return of the Light: Twelve Tales from Around the World for the Winter Solstice*. New York: Marlowe and Company, 2000.

Grossman, John. *Christmas Curiosities: Odd, Dark, and Forgotten Christmas*. New York: Stewart, Tabori, and Chang, 2008.

Jackson, Sophie. *The Medieval Christmas*. Gloucestershire, United Kingdom: Sutton, 2005.

Llewellyn's Sabbat Series. Publicación anual; varios autores. Woodbury, Minnesota: Llewellyn.

Raedisch, Linda. *The Old Magic of Christmas: Yuletide Traditions for the Darkest Days of the Year.* Woodbury, Minnesota: Llewellyn, 2013.

Rätsch, Christian, and Claudia Müller-Ebeling. *Pagan Christmas: The Plants, Spirits, and Rituals at the Origins of Yuletide.* Rochester, Vermont: Inner Traditions, 2006.

Internet

Chambers, Robert. *The Book of Days.* Accedido el 27 de abril de 2015. http://www.thebookofdays.com.

Fitzgerald, Waverly. «Winter Solstice Blessings». School of the Seasons. 20 de diciembre de 2008. http://www.schooloftheseasons.com/newletters/news122008.html.

Miles, Clement A. *Christmas in Ritual and Tradition, Christian and Pagan.* Project Gutenberg [EBook #19098]. 21 de agosto de 2006. http://www.gutenberg.org.

BIBLIOGRAFÍA

Libros

Armour, Robert A. *Gods and Myths of Ancient Egypt*. El Cairo: American University in Cairo Press, 2001.

Bridge, James. «St. Lucy». *The Catholic Encyclopedia* (Vol. 9). New York: Appleton, 1910/2013.

Clauss, Manfred. *The Roman Cult of Mithras: The God and His Mysteries*. Traducción de Richard Gordon. Edinburgh: Edinburgh University Press, 2000.

Danaher, Kevin. *The Year in Ireland: Irish Calendar Customs*. Minneapolis, Minnesota: Mercier Press, 1972.

Frazer, Sir James G. *The Golden Bough*. Los Ángeles: Gramercy, 1993.

Freeman, Mara. *Kindling the Celtic Spirit: Ancient Traditions to Illumine Your Life Through the Seasons*. San Francisco: HarperSanFrancisco, 2000.

Henes, Donna. *Celestially Auspicious Occasions: Seasons, Cycles & Celebrations*. New York: Perigee, 1996.

Hopman, Ellen Evert. *A Druid's Herbal for the Sacred Earth Year*. Rochester, Vermont: Destiny Books, 1994.
Hopman, Ellen Evert . *Scottish Herbs and Fairy Lore*. Los Ángeles: Pendraig, 2010.

Jung, Carl. *The Portable Jung*. New York: Penguin, 1976.

Lindow, John. *Norse Mythology: A Guide to the Gods, Heroes, Rituals, and Beliefs*. New York: Oxford University Press USA, 2001.
Matthews, John. *The Winter Solstice: The Sacred Traditions of Christmas*. Wheaton, Illinois: Quest Books, 1998.

McNeill, F. Marian. *The Silver Bough, Vol. 1: Scottish Folklore and Folk-Belief*. Reimpresión. Edinburgh: Canongate, 2001.

Pesznecker, Susan. *The Magickal Retreat: Making Time for Solitude, Intention, & Rejuvenation*. Woodbury, Minnesota: Llewellyn, 2012.

Smith, William. *Dictionary of Greek and Roman Biography and Mythology*. Reimpresión. London: Tauris, 2007.

Wallis, Faith (traductora). *Bede: The Reckoning of Time*. Liverpool: Liverpool University Press, 1999/2004.

Internet

Bennett, Chris. «Roman Dates. Eponymous Years». Última modificación el 25 de enero de 2012. http://www.tyndalehouse.com/Egypt/ptolemies/chron/roman/chron_rom_cal. htm#eponymous.

Collier, Kevin. «Countless Students Participate in 'Snow Day' Ritual». Última revisión el 17 de diciembre de 2012. http://www.grandhaventribune.com/article/strange-grand-haven/265096.

Cooper, James. «The History of Wassailing and Mumming». Accedido el 27 de abril de 2015. http://www.whychristmas.com/customs/wassailing.shtml.

Dashu, Max. «The Women's Mysteries: Bona Dea». Última modificación en 2004. http://www.suppressedhistories.net/secrethistory/womensmysteries.html.

The European Graduate School. «Democritus Quotes». Accedido el 27 de abril de 2015. http://www.egs.edu/library/democritus/quotes/.

Freeman, Mara. «December: Winter Solstice». Chalice Centre. Última revisión en 2013. http://www.chalicecentre.net/ december-celtic-year.html.

Greek and Roman Mythology; The Department of Classical Studies Dictionary. «Strenae». Última modificación en 2015, http://www.classics.upenn.edu/myth/php/tools/dictionary.php?regexp=FASTI.&method=standard.

Greek Mythology. «The Fates». Última modificación en 2014, http://www.greekmythology.com/Other_Gods/The_Fates/the_fates.html.

Hugo, Victor. «Stellar' Quotes Throughout History». The Horizons Observatory. Accedido el 28 de abril de 2015. http://www.horizonsobservatory.org/stellar-quotes.html.

Historic Food. «Possets». Accedido el 28 de abril de 2015. http://www.historicfood.com/Posset%20Recipes.htm.

Joelle's Sacred Grove. «Pagan Hymns, Carols, and other Assorted Songs». Accedido el 28 de abril de 2015. http://www.joellessacredgrove.com/Carols/carols.html.

MacCulloch, J. A. «The Cult of the Dead» in *The Religion of the Ancient Celts*. Sacred Texts. Última modificación en 2011. http://www.sacred-texts.com/neu/celt/rac/rac13.htm.

McMorrow-Hernandez, Joshua. «7 Tips or Tricks to Make It Snow». Accedido el 27 de abril de 2015. http://weather.thefuntimesguide.com/2010/01/make_it_snow.php.

Miles, Clement A. «The Christmas-Tree, Decorations, and Gifts». *Christmas in Ritual and Tradition,* 1912. Sacred Texts. http://www.sacred-texts.com/time/crt/crt15.htm.

National Christmas Tree Association. Última revisión en 2013. http://www.realchristmastrees.org/dnn/default.aspx.

The Order of Bards, Ovates, and Druids. «The Mistletoe Foundation». Accedido el 27 de abril de 2015. http://www.druidry.org/library/library/mistletoe-foundation.

Pearse, Roger. «The Roman Cult of Mithras». The Tertullian Project. Última modificación el 24 de mayo de 2014. http://www.tertullian.org/rpearse/mithras/display.php?page=main.

Rampant Scotland. «New Year's Eve-Hogmanay». Accedido el 27 de abril de 2015. http://www.rampantscotland.com/know/blknow12.htm.

Roberts, Rachel. «Top Rituals to Make It Snow». Última revisión el 14 de marzo de 2012. http://blog.skiheavenly.com/2012/03/14/top-rituals-to-make-it-snow/.

Shaw, George Bernard. «Inspirational Quotes». Accedido el 28 de abril de 2015. http://thinkexist.com/quotation/better_keep_yourself_clean_and_bright-you_are_the/147711.html.
Smith, Michael. «How to get a Snow Day in Four Easy Steps». Última revisión el 11 de enero de 2011. http://www.principalspage.com/theblog/archives/how-to-get-a-snow-day-in-4-easy-steps.

Sparber, Max. «Tomte: Scandinavian Christmas traditions at the American Swedish Institute». Última modificación el 6 de diciembre de 2011. http://tinyurl.com/m6da2k5.

St. Nicholas Center. «Who is Saint Nicholas?» Última modificación en 2015. http://www.stnicholascenter.org/pages/who-is-st-nicholas/.

Swanton, John. R. «Tlingit Myths and Texts». Bureau of American Ethnology Bulletin 39 (1909). Acceso el 28 de abril de 2015. http://sacred-texts.com/nam/nw/tmt/index.htm.

Willow, Vibra. «Wheel of the Year». Reclaiming. Última modificación en 2000. http://www.reclaiming.org/about/witchfaq/wheelofyear.html.

Wodening, Swain. «Yuletide Rituals and Sedes». Frigga's Web. Última modificación el 17 de septiembre de 2012. http://www.friggas-web.org/yuletide.html.

Woodruff, Betsy. «Forget Santa. You should celebrate La Befan». Última modificación el 22 de diciembre de 2014. http://tinyurl.com/nu5xerb.

LOS OCHO
SABBATS

IMBOLC

Una completa guía para la celebración de la fiesta del despertar de la tierra
Rituales, recetas y tradiciones para el tiempo de la Candelaria

♋

OSTARA

Una completa guía para la celebración del equinoccio de primavera
Rituales, recetas y tradiciones para la Pascua pagana

♋

BELTANE

Una completa guía para la celebración de la estación luminosa
Rituales, recetas y tradiciones para primeros
de mayo: la fiesta de la fertilidad

♋

SOLSTICIO DE VERANO

Una completa guía para la celebración de Litha: la noche más corta del año
Rituales, recetas y tradiciones para el tiempo de San Juan

♋

LUGHNASADH

Una completa guía para la celebración de Lammas:
la festividad de la primera cosecha.
Rituales, recetas y tradiciones para agradecer
y festejar la abundancia de la tierra

✍

MABON

Una completa guía para la celebración del equinoccio de otoño
Rituales, recetas y tradiciones para dar la
bienvenida al letargo de la naturaleza

✍

SAMHAIN

Una completa guía para la celebración de Halloween
Rituales, recetas y tradiciones para dar la
bienvenida a la mitad oscura del año

✍

YULE

Una completa guía para la celebración del solsticio de invierno
Rituales, recetas y tradiciones para la Navidad pagana